진짜 영웅을 찾아라!

**진짜 영웅을
찾아라!**

1쇄 인쇄 2023년 10월 23일
1쇄 발행 2023년 11월 6일

지은이 서해경
그린이 이경석
펴낸이 이학수
펴낸곳 키큰도토리
편 집 이효원
디자인 박정화

출판등록 제395-2012-000219호
주소 10543 경기도 고양시 덕양구 청초로 66, B-617호
전화 070-4233-0552
팩스 0505-370-0552

전자우편 kkdotory@daum.net
블로그 blog.naver.com/gallant1975
페이스북 facebook.com/kkdotory
인스타그램 instagram.com/kkdotory

* 책값은 뒤표지에 있습니다.
* 잘못된 책은 구입처에서 교환하여 드립니다.
* 이 책은 저작권자와 계약에 따라 발행한 것이므로 본사의 허락 없이는 어떠한 형태나 수단으로도 이 책의 내용을 이용하지 못합니다.

ⓒ 서해경·이경석, 2023
ISBN 979-11-92762-17-3 74300
       978-89-98973-21-6(세트)

어린이제품안전특별법에 의해 제품표시	
제조자명 키큰도토리 **제조국명** 대한민국 **사용연령** 만 9세 이상 어린이 제품	**전화번호** 070-4233-0552 **주소** 10543 경기도 고양시 덕양구 청초로 66, B-617호

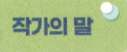
작가의 말

우리의 일상을 지키는 필수 노동자

'필수 노동자'라는 말을 처음 안 건 코로나19 팬데믹 때였어요. 코로나19 팬데믹 시기에는 사람들이 집 밖으로 나가는 걸 최대한 줄이고, 사람이 많은 장소는 피했어요. 학교에 등교하지 않고 온라인 수업을 하고, 일터에 출근하지 않고 집에서 근무하는 회사도 많았지요. 사람을 못 만나고 집 안에만 있으니 답답했어요. '거리 두기'는 내 일상을 무너뜨릴 것 같았어요. 일부 국가와 도시는 락다운(봉쇄)을 했죠. 락다운 상태에선 회사나 학교에 출근할 수 없고 생필품을 사러 상점에 갈 수도 없대요.

그런데 코로나19 양성 판정을 받아 집 안에 완전히 격리되었을 때, 떵~ 하고 내 머리를 치는 생각이 있었어요. 지금의 생활이 답답하고 조금 불편하지만, 사는 데는 아무 문제가 없더라고요.

수돗물, 전기, 도시가스는 물론이고, 각종 식품과 약, 생활용품까지 집으로 배달받았어요. 병원에 갈 수는 없어도 언제든지 전화로 내 코로나 증상을 문의했고, 병원에 입원 중인 엄마는 의료인과 돌봄 노동자의 보살핌을 받았죠. 집 앞에 내놓은 각종 쓰레기는 평소처럼 수거되었고 거리도 깨끗했어요. 인터넷, 전화를 사용할 수 있고, 다양한 방송도 볼 수 있었어요. 각종 뉴스와 정보도 알 수 있었죠. 자가 격리만 해제되면 어디라도 버스, 지하철, 택시를 타고 갈 수 있고요.

생각해 봐요. 전 세계에 전염병이 돌아서 사람들이 집 밖으로 나가지 못할 때라도 사회는 큰 문제없이 유지되었잖아요. 사회를 돌아가게 하는 사람들, 우리가 안전하게 생활할 수 있게 하는 사람들이 있으니까요. 그들이 바로 필수 노동자예요. 소방관, 청소 노동자, 배달 노동자, 보건 의료 노동자, 대중교통 기사, 경찰, 돌봄 노동자, 콜센터 노동자 등이죠.

필수 노동자에 대해 알아보면서, 전염병뿐 아니라 화재, 홍수 등의 재해가 발생했을 때도, 질병과 장애로 도움이 필요할 때도 필수 노동자는 우리 곁에서 묵묵히 사회를 지탱하고 있다는 걸 알게 되었어요.

이 책에서 소개하는 '필수 노동'이 인기 있는 직종은 아니에요. 사회에 꼭 필요한 노동자지만, 아쉽게도 그에 맞는 대우를 받지 못하는 것 같아요.

그래서 이 글을 썼어요. 지금부터라도 필수 노동자가 얼마나 중요한 역할을 하는지 알아야 하지 않을까요? 우리가 위험에 처했을 때, 그 위험에 맞서서 사회의 위기를 극복하게 하고, 일상을 지키는 사람들, 그들이 바로 필수 노동자랍니다.

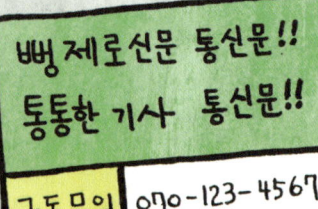

통

황소
〈통신문〉의 취재부장으로, 별명은 통 대장이다. 기자들의 취재 독립권을 보장해 주고, 민주적으로 이끌어 가려고 한다. 하지만 회식 메뉴와 식당을 정할 때는 그런 독재자가 없다. 어디서나 눈에 띄는 모습 때문에 잠입 취재에는 취약한 면이 있다.

한별님
별명은 통스통스. 더블 통스로 불리기도 한다. 몸매만 아니라면 어디서나 봄 직한 아주 흔한 외모이며, 현장 잠입의 달인이다. 어부로, 농부로, 치킨집 배달원으로, 일식당 주방장으로 어디든 위장 잠입을 해도 절대 의심받는 일이 없다.

제갈윤
〈통신문〉의 정보통으로, 별명은 소통이다. 기억력이 비상해서 한 번 듣고 본 내용은 다 기억한다. 특히 다크 초콜릿을 먹으면 두뇌가 더욱 팽팽 잘 가동된다. 인터넷과 도서관, 신문과 뉴스 등에서 필요한 정보를 찾는 역할을 주로 한다.

신문

호리병

〈통신문〉의 홍일점이며, 이름처럼 허리가 잘록하다. 집요하기가 이루 다 말로 할 수 없을 정도여서, 어떤 상대라도 그녀를 만나면 전생의 기억까지 탈탈 다 털어놓을 수밖에 없다. 특유의 말투로 대화를 한다.

황송하지

황소의 딸. 아빠 황소와 엄마 송해의 성을 따서 이름이 황송하지이다. 무엇이든 '하자!'라는 긍정적인 정신을 가지라고 '하지'라는 이름을 지어 줬다. 별명 같은 건 유치해서 안 키운다. 〈어린이 통신문〉 기자로서 〈통신문〉의 한 축을 담당하고 있다.

3장
황소의 취재기
목적지까지 모셔 드립니다.
대중교통 운전 기사

64

4장
제갈윤의 취재기
집까지 배달해 드려요,
배달 노동자

83

5장
호리병의 취재기
제가 돌봐 드릴게요,
돌봄 노동자

101

6장
황송하지의 인터뷰
필수 노동자를 만나다

118

통신문 NEWS

130

잃어버린 지갑

"참참, 나 또 깜빡할 뻔했네."

황송하지가 일어나 의자를 책상 쪽으로 밀다가 황소를 쳐다봤다.

"딸, 왜? 뭔데……?"

통신문사 기자 황소가 황송하지를 돌아봤다. 황소는 기사를 쓰느라 어제부터 신문사에서 밤새워 일했다. 기사가 잘 안 써질 때마다 북북 긁은 머리는 삐죽빼죽 사방으로 뻗쳤다. 황소가 충혈된 눈을 비볐다.

"하지야, 뭐 잃어버렸어?"

도도도도도도도도 다다다다, 자판을 누르던 제갈윤도 고개를 들어 황송하지를 쳐다봤다.

"아니, 별건 아니고요. 엄마가 집에 올 때 마트에서 쪽파 사 오라고 했거든요. 저녁에 해물파전 해 준다고요."

황송하지가 어깨를 으쓱하며 혀를 쏙 내밀었다. 바쁜 기자들을 방해한 것이 미안했다.

"파전, 파전……? 아, 파전……!"

황소가 멍하니 중얼거리다 고개를 끄덕였다.

"아~, 비 올 땐 역시 파전이죵. 거실 바닥에 철퍼덕 앉아서 뜨끈뜨끈, 바삭한 파전을 입이 미어지도록 씹고 싶어용."

호리병이 의자 등받이에 등을 기대며 입맛을 다셨다.

"그렇지. 빗소리를 들으며 김이 모락모락 나는 파전을 새콤 짭조름한 간장에 살짝 찍어서 입에 넣으면……. 캬, 이곳이 천국인가요?"

한별님이 눈을 살짝 감으며 깊게 숨을 들이마셨다. 한별님은 평소에는 형형색색의 나비넥타이와 양복 조끼를 갖춰 입는 멋쟁이지만, 오늘은 이마에 천으로 된 헤어밴드를 둘렀다. 얼굴

로 땀이 흐르는 걸 막고 눈앞으로 내려오는 머리카락도 고정시켜 주는 필수 아이템이다.

"아이 참! 아빠, 쪽파 사게 돈 달라는 말이잖아요."
황송하지가 황소에게 다가가 손을 내밀었다.
어? 황소가 오른손으로 바지 뒷주머니를 더듬다가 고개를 갸웃했다. 그러더니 양손으로 바지 뒷주머니를 더듬다가 벌떡 일어나 앞주머니에 손을 넣었다.
"나, 지갑 없다. 어, 진짜 없어."
황소가 가방을 뒤집어 책상 위에 털었다.
"혹시 새벽에 환상순대국 가게에 갔을 때 두고 오신 거 아니에요?"
제갈윤이 의자에서 일어나 황소에게 다가갔다.
"아~, 어쩌면 아침을 먹은 콩나물국밥 집에 두고 온 걸지도……."
호리병이 검지를 살짝 흔들었다.
"국밥 먹고 오성24시 편의점에서 커피 샀잖아요. 거기에 두고 온 걸지도 모르죠."

한별님은 이렇게 말하면서도 허리를 숙여 바닥을 훑어봤다. 황소의 지갑은 보이지 않았다.

"아빠 지갑, 엄마가 아빠 생신 때 선물한 거잖아요."

황송하지가 한숨을 쉬며 황소의 옷 주머니를 뒤졌다.

황송하지의 말에 황소의 눈이 커졌다. 황소는 허둥지둥 휴지통을 뒤집어 바닥에 쏟았다. 역시나 지갑은 보이지 않았다.

"아~, 팀장님. 신용카드 먼저 정지시키세요. 누가 쓸지도 몰라용."

호리병이 말했다.

똑똑똑.

그때 누군가 통신문사 문을 두드렸다.

그림자 노동자, 환경미화원

"저기……."

검정색 야구 모자를 쓴 아저씨가 통신문사 문 안으로 고개를 내밀었다.

"어떤 일로 오셨습니까?"

한별님이 자리에서 일어났다.

"아, 예. 그게, 제가 지갑을 주워서요."

아저씨가 배낭을 몸 앞으로 돌려 지퍼를 열었다.

"지갑이라고요?"

황소가 소리를 버럭 지르며 아저씨에게 성큼성큼 다가갔다.

그 기세에 아저씨가 당황한 듯 뒷걸음질을 쳤다.

"괜찮아요. 좀 무섭게 생겨서 그렇지, 나쁜 사람은 아니에요. 울 아빠예요. 히히."

황송하지가 쪼르르 달려와 아저씨와 황소 사이에 끼어들었다.

황소가 황송하지의 말을 듣고 어깨를 축 늘어뜨렸다.

아저씨가 황송하지에게 미소 짓고는, 배낭에 손을 넣었다.

"오성24시 편의점 앞에 떨어져 있더라고요. 주인을 찾아 주려고 지갑을 열어 보니 주민등록증이 있어서 이렇게……."

아저씨가 배낭에서 두툼한 지갑을 꺼내 황소에게 내밀었다.

"이거 아빠 거예요."

황송하지가 황소보다 먼저 지갑을 낚아챘다.

"감사합니다. 이거 못 찾았으면 제가 아내한테 쫓겨났을 겁니다. 제 생명의 은인이세요. 저희 가족의 평화를 지켜 주셨습니다."

황소가 아저씨의 손을 덥석 잡았다.

"아~, 그런데 말이죵. 우리 팀장님이 여기서 일하는 걸 어떻게 알았죠? 주민등록증에 직장 이름이 적힌 것도 아닌데 말이죠."

호리병이 눈을 가늘게 뜬 채 아저씨에게 천천히 다가갔다.

아저씨가 침을 꿀꺽 삼키며 눈을 깜박였다.

"그, 그, 그거야, 매일 기자님들을 만나니까요."

아저씨가 말했다. 그러곤 어색하게 웃으며 고개를 끄덕였다.

"아~, 매일, 우리랑 만난다고용? 아~, 그래용?"

호리병은 여전히 눈을 가느다랗게 뜬 채 고개를 갸웃거렸다. 아무리 생각해도 처음 보는 사람이었다.

"호, 누구시더라?"

한별님도 천장 구석을 노려보며 기억을 더듬었다. 역시나 기억나지 않았다.

"저는 중앙로를 청소하는 환경미화원 김찬식입니다. 중앙로 27번 길인 통신문사 앞길을 매일 청소하지요. 벌써 11년째 매일 청소하고 있는데요. 허허."

환경미화원 김찬식이 어색하게 웃으며 뒷머리를 긁적였다. 김찬식의 얼굴이 붉어졌다.

"저희가 실례했습니다. 들어오십시오."

황소가 황급히 고개를 숙였다. 그리고 그를 통신문사 회의실

로 이끌었다.

"아휴, 실례는요 뭘. 아무도 환경미화원을 눈여겨보지 않으니까요. 저희는 얼굴 없는 사람, 그림자 같다고나 할까요. 허허."

김찬식이 쓸쓸하게 웃으며 황소의 손을 떼어 내려 했다.

하지만 황소의 두툼한 손은 꿈쩍도 하지 않았다. 황소의 얼굴엔 미안함과 당혹감, 그리고 감사의 표정이 뒤섞였다.

"어머님이 인삼차를 보내 주셨거든요. 아주 맛있습니다. 꼭 한 잔 대접하고 싶습니다."

"좀 이상한 맛도 나지만 꿀맛도 나서 먹을 만해요. 아저씨가 그냥 가시면 울 아빠 저녁 굶을지도 몰라요."

황송하지도 김찬식의 한쪽 팔을 잡았다.

"아~, 저도 굶어야죵. 고마운 환경미화원님께 큰 실례를 했으니 반성하는 의미로 저녁을 굶어 버리겠어요."

호리병이 허리띠를 꽉 조이며 김찬식의 얼굴을 뚫어지게 쳐다봤다.

"저, 저녁을 왜……?"

김찬식이 고개를 갸우뚱거렸다.

"굶는 건 이분들에게 엄청난 벌이에요. 이분들이 바로 통클럽 멤버들이거든요. 아시죠? 오성시에서 제일 많이 먹는 사람들의 모임이요. 울 아빠가 회장이에요. 제일 무거워서요."

황송하지가 김찬식에게 한쪽 눈을 찡긋했다.

"지갑을 찾아 주셔서 감사합니다."

황소가 회의실 탁자 위에 김이 모락모락 오르는 인삼차를 내려놓았다.

"아유, 아닙니다. 당연히 해야 할 일을 한 것뿐인데요."

김찬식이 손사래를 쳤다.

"그 당연한 행동을 하지 않는 사람도 많습니다. 그리고 저희가, 아니 제가 환경미화원님을 못 알아본 것도 사과드립니다."

황소가 다시 고개를 깊이 숙였다.

"아이고, 이러지 마십시오. 제가 몸 둘 바를 모르겠습니다. 제가 뭐 별거라고요."

김찬식이 얼떨결에 황소를 향해 고개를 숙였다.

"아니에요. 환경미화원 아저씨는 꼭 필요한 분이에요. 없으면 진짜 난리 난다니까요."

언제 회의실로 들어왔는지, 황송하지가 다가와 황소 어깨에 손을 올렸다.

"아빠, 기억 나죠? 저번에 우리 집 앞에 누가 음식물 쓰레기를 버리고 가서 냄새가 지독했잖아요."

황송하지가 황소를 쳐다봤다.

"아! 맞다, 맞다. 그때 오성시에 사는 파리 떼가 몽땅 다 모여들어서 창문도 못 열었었지."

황소가 고개를 끄덕였다.

"날씨가 덥고 습해서 음식물 쓰레기가 금방 상했겠네요. 파리가 잔치를 했겠구먼요. 허허."

김찬식이 피식 웃으며 고개를 끄덕였다.

"저희 식구들이 코로나19에 감염되어 밖에 나가서 치울 수도 없었어요. 꼼짝없이 파리 떼와 음식 썩은 냄새에 둘러싸여서 진짜 괴로웠습니다. 우욱, 떠올리기만 해도 메스껍네요."

황소가 과장해서 머리를 좌우로 흔들었다.

"근데 새벽에 환경미화원 아저씨들이 쓰레기를 싹 치워 주셔서 냄새도, 파리 떼도 사라졌어요."

"그게 환경미화원의 일인걸요."

김찬식이 말했다.

"하, 지, 만 제일 감사했던 건 바로 초여름 장마 때였어요!"

황송하지가 단호하게 말하며 주먹을 높이 쳐들었다.

황소와 김찬식이 황송하지를 보다가 서로 마주 봤다.

"14일 넘게 폭우가 쏟아져서 홍수가 난 곳이 많았어요. 집이랑 차가 물에 잠기고, 죽거나 다친 사람도 많았죠. 정말 큰 비극이었어요."

"맞아. 초여름에 줄기차게 비가 왔었어."

황소와 김찬식이 동시에 고개를 끄덕였다.

"하, 지, 만 우리 동네는 빗물에 잠기지 않았어요."

"딸아, 요점만 빨리 말하자. 환경미화원님도 바쁘시고 아빠도 얼른 기사를 써야 해."

황소가 재촉했다.

"아유, 전 괜찮습니다. 따님이 저희가 하는 일을 눈여겨봐 준 게 고맙네요. 얘기하는 것도 재밌고요."

"바쁘면 아빠는 나가셔도 돼요. 전 아저씨께 묻고 싶은 게 좀 있다고요."

김찬식이 자기편을 들어주자, 황송하지가 싱긋 웃었다.

"그, 그래? 그럼, 제 딸이랑 더 얘기 나누십시오. 저는 일이 좀 밀려서 이만……."

황소가 황송하지와 김찬식을 차례로 보며 말하곤 얼른 자리로 돌아갔다.

"저는 어린이인데 시간을 내주셔서 감사합니다."

황송하지가 의자에서 일어나 김찬식에게 허리를 숙였다.

"허허허허, 아니에요. 궁금한 거 있으면 마음껏 물어봐요. 환경미화원에게 관심 있는 어린이는 처음 봐서 나도 고마워요."

김찬식도 황송하지 흉내를 내며 웃었다.

"그럼 이야기하던 거 이어서 할게요. 저는요, 엄청나게 비가 많이 쏟아졌어도 우리 동네가 빗물에 잠기지 않은 이유가 환경미화원 아저씨들이 매일 빗물받이와 길에 쌓인 쓰레기를 청소한 덕분이라고 생각해요. 왜냐하면 제가 학교 갈 때도, 집에 올 때도, 학원에 갈 때도 아저씨들이 청소하시는 거 봤거든요."

"진짜 그렇게 생각해요? 우리 환경미화원이 빗물에 마을이 잠기는 걸 막았다고요?"

"네, 100프로 확신해요."

황송하지가 가슴을 쑥 내밀었다.

"비가 아무리 많이 와도 빗물이 배수로로 밀려 내려가면 마을이 물에 잠기지 않죠. 우린 배수로가 막히지 않게 배수구와 빗물받이에 쌓인 낙엽과 쓰레기, 흙을 수시로 치웠어요."

김찬식이 설명하며 고개를 끄덕였다. 얼굴에 환한 미소가 떠올랐다.

"잠깐 주목, 주목해 주세요! 다음 통신문 특집 아이템을 추천할게요."

황송하지가 김찬식을 배웅하고 와서, 기자들에게 소리쳤다.

황소, 한별님, 호리병, 제갈윤이 기사를 쓰다 멈추고 황송하지를 쳐다봤다.

"아까 그 아저씨랑 얘기하면서 생각했는데요, 환경미화원처럼 우리 사회에 꼭 필요한 직업을 소개하는 거 어때요?"

"사회에 꼭 필요한 직업……?"

황소가 중얼거렸다.

"'필수 노동자' 말이구나. 그래, 필수 노동자에 대해 알릴 때가 됐지. 난 찬성이야!"

제갈윤이 황송하지에게 고개를 끄덕였다.

"아~, 저도 찬성이에용. 코로나 때문에 락다운(봉쇄)[1]한 나라에서도 의료인과 환경미화원, 배달 노동자 등은 일을 했어요. 그래야 사회가 유지되니까요."

호리병도 오른손을 들어 살짝 흔들었다.

"흐아아암! 팬데믹[2] 덕분에, 우리 사회에 꼭 필요한 필수 노동자의 역할과 중요성을 깨닫게 됐죠."

한별님이 기지개를 켜며 말했다.

"그럼 말이야, 우리가 필수 직업을 직접 체험하고 기사를 쓰자고."

---

1 락다운은 죄수를 감방 안에 가두는 엄중한 감금이란 영어 단어에서 온 말이다. '봉쇄령', '이동 제한령'과 같은 의미로, 외부와의 연결, 교류를 차단하는 것이다. 전염병 확산을 막거나 정치 및 경제적으로 압박하려는 목적에서 내려지는 명령이다.

2 세계 보건 기구(WHO)는 감염병의 위험도에 따라 감염병 경보 단계를 1~6단계까지 나누는데, 팬데믹은 가장 높은 등급인 6단계에 해당한다. 팬데믹은 특정 질병이 전 세계적으로 유행하는 것을 말한다.

"저 소방대원복 있습니다."

황소의 말에 한별님 눈이 초롱초롱해졌다. 한별님은 이럴 때를 대비해 온갖 종류의 유니폼을 모아 두었다.

"좋았어. 해 보자고!"

황소가 소리쳤다.

"넵!"

한별님, 호리병, 제갈윤이 힘차게 외쳤다. 그리고 다시 기사 쓰기에 집중했다.

"저기요, 여보세요. 저한테 설명 안 해 주나요, 필수 노동자가 뭔지?"

황송하지가 눈을 깜박이며 중얼거렸다.

황송하지의 취재수첩

필수 노동자란?

'필수'는 '꼭 필요한'이란 뜻이다. 그러니까 필수 노동자는 꼭 필요한 노동을 하는 사람이란 뜻 아닐까?

우리나라에는 법으로 정한 '필수 업무'라는 것이 있다. '필수 업무 지정 및 종사자 보호·지원에 관한 법률'에 따르면, '재난이 발생했을 때, 국민의 생명과 신체의 보호 또는 사회의 기능을 유지하기 위하여 필요한 업무'를 필수 업무라고 한다.

여기서 재난이란 사람의 생명과 신체, 재산에 피해를 주거나 국가에 피해를 주는 것을 말한다. 태풍이나 홍수, 호우, 강풍, 풍랑, 해일, 대설, 한파, 낙뢰, 가뭄, 폭염, 지진, 황사 등의 자연 재난과, 화재나 산불, 건물이나 다리 등이 무너지는 것, 폭발, 교통사고(항공, 해상, 철도, 지하철 사고 포함), 감염병 등의 사회 재난을 모두 포함한다. 이 법률은 코로나19 팬데믹으로부터 필수 노동자를 지원하고 보호하기 위해 만들어졌다.

이처럼 필수 노동자는 '국민의 생명과 안전을 지키는 일을 하고,

우리 사회의 유지를 위해 없어서는 안 될 일'을 하는 노동자다. 필수 노동자가 없다면 그 사회는 유지될 수 없다. 필수 노동자에 속하는 직업은 소방관, 경찰, 환경미화원, 대중교통 운전사, 배달 노동자, 돌봄 종사자, 보건 의료 종사자 등이다. 도시에서나 '사회적 거리 두기'처럼 사람을 만나는 것이 제한된 상황에서도, 필수 노동자는 다른 사람을 '직접' 만나 일을 한다.

황송하지의 인터뷰

황송하지 : 환경미화원은 공무원인가요?

김찬식 환경미화원 : 환경미화원은 공무원이 아닙니다. 기초 자치 단체, 시설 관리 공단 등의 공기업 직원이거나, 기초 자치 단체와 계약한 청소 업체 직원입니다. 하지만 공무원과 비슷한 각종 복지 혜택을 받습니다. '환경미화원' 대신 환경 공무직, 환경 관리원 등으로 부르기도 합니다. 공무원이 아니라서 공무원 연금은 없지만, 정년인 만 60세까지 일할 수 있고 퇴직금도 있습니다. 급여도 꽤 높은 편입니다. 특이한 점은 근무하는 지역(시, 구)에 따라 급여가 다르다는 것입니다.

황송하지 : 환경미화원은 사람들이 하기 싫어하는 기피 직업인가요?

김찬식 환경미화원 : 환경미화원은 대표적인 기피 직업이었습니다.

쓰레기를 치우고 새벽에 일하는 것도 싫어했죠. 하지만 정년까지 일할 수 있고, 급여가 높다는 사실이 알려지면서 환경미화원에 대한 생각이 바뀌고 있는 것 같아요. 환경미화원이 되려는 사람도 많아졌고요. 특히 20~30대 젊은 사람들과 여성 지원자가 증가하고 있습니다. 2022년 제주 서귀포시 환경미화원 채용의 경쟁률은 60대 1이었답니다. 참, 근무 시간도 바뀌고 있어요. 새벽 3시에 출근해서 11시까지 근무했는데, 2020년부터 근무 시간이 오전 6시에서 오후 2시로 바뀐 곳이 많습니다.

황송하지: 환경미화원은 어떻게 될 수 있나요?

김찬식 환경미화원: 근무 환경이 좋아졌다고 해도, 환경미화원이 하는 일은 여전히 힘듭니다. 그래서 체력 시험은 필수랍니다. 무거운 모래주머니 머리 위로 들기, 모래주머니 멀리 던지기, 윗몸일으키기 등의 체력 시험을 봅니다. 무거운 쓰레기를 들어 청소차에 실어야 하기 때문이죠. 체력 시험을 통과하면 면접 시험을 봅니다. 면접 시험을 통해 책임감과 시민을 위한 봉사심이 강한 지원자를 뽑습니다.

오성시, 환경 클린 센터 건립

  오성시는 올 연말까지 남구 환경 클린 센터를 건립한다고 밝혔다. 그동안 오성시는 폐기물과 관련하여 주민들의 불편을 해소하고 환경미화원들의 근무 환경을 개선하기 위해 환경 클린 센터 건립을 추진해 왔다. 이번에 건립될 환경 클린 센터에는 생활폐기물 불법 투기 단속 본부와 종량제 봉투 사업소, 청소 차량 차고지 등의 업무 시설, 어린이들의 환경 보전 교육을 위한 환경 교실, 환경미화원의 근무 환경 개선을 위한 전용 휴게실 등이 들어설 예정이라고 한다. 오성시는 남구 환경 클린 센터 외에도 2곳의 환경 클린 센터를 더 건립할 예정이다.

2023년 06월 오성일보

황송하지의 취재자료

이른 새벽부터 일하는 노동자가 있다. 바로 환경미화원이다. 환경미화원은 어떤 일을 하는지 정리해 보았다.

길과 공원 등 공공장소를 청소한다.

음식물 쓰레기를 수거해서 음식물 쓰레기 처리 시설로 보낸다.

폐기물 쓰레기를 수거해서 소각장이나 매립장으로 운반한다.

불법 쓰레기 배출을 단속한다.

어디선가 누군가에 무슨 일이 생기면, 119!

"훈련받느라 고생했습니다."

최동일 소방대원이 한별님 어깨를 툭 치며 싱긋 웃었다.

한별님은 필수 노동자 중에서 소방대원을 체험하는 중이다.

"그럼 점심 먹어도 됩니까?"

한별님이 경고등 위 벽시계를 보며 물었다. 사실 어제부터 오성시에 장마가 시작되었다. 그래서 화재가 일어날 것 같지 않아 한별님은 마음이 편했다.

앗싸! 오늘 점심 메뉴는 매콤달콤한 닭강정과 탱탱한 비엔나소시지, 짭조름한 멸치볶음과 잘 익은 깍두기, 얼큰한 콩나물이다. 한별님은 젓가락으로 닭강정을 콕 찍었다.

띠리리리리리링, 띠리리리리리링. 경보기가 울렸다. 맞은편에 앉은 최동일이 콩나물국을 그릇째로 들고 마시며 벌떡 일어났다.

"출동입니다."

한별님에게 외치고 최동일은 차고로 달려갔다. 한별님도 닭강정을 내던지고 달렸다. 더 빨리 출동할 수 있도록 소방용 의류는 소방차 옆에 걸려 있다. 소방차를 운전, 조작하는 대원 1명, 화재 진압대원 4명이 한 팀이다. 운전대원 옆에 권혁 진압대장이 타고 한별님, 최동일은 다른 대원 2명과 그 뒷자리에 탔다.

에에에엥 에에에엥. 사이렌을 울리고 붉고 파란 경광등 불을 깜박이며 소방차들이 119안전센터를 출발한 건 경보기가 울린 지 51초 만이었다. 지휘차가 앞장서고 그 뒤를 펌프차, 탱크차, 고가굴절사다리차가 뒤따랐다. 이어서 119구급대도 사이렌을 울리며 출동했다. 앞에서 달리는 차들이 소방차를 위해 양옆으로 길을 내줬다. 소방차들은 시속 90킬로가 넘는 속도로 점점 굵어지는 빗속을 달렸다.

"한아름쇼핑몰 지하 주차장에서 화재 발생. 마트에 있던 사람들은 대피 중. 화재 원인은 공사 중 튄 불꽃으로 보입니다."

119안전센터 상황실 대원이 출동한 소방대원들에게 무전기로 화재 상황을 알려 줬다.

빗줄기가 점점 거세져서 창밖이 잘 보이지 않았다. 저 멀리 6층 건물인 한아름쇼핑몰에서 검은 연기가 솟아오르는 모습이 보였다. 소방대원들은 긴장한 표정으로 우비를 덧입었다.

한아름쇼핑몰 지하 주차장에서 시작된 불은 이미 위로 번져서, 1, 2, 3층 창문으로 붉은 불길과 검은 연기가 솟구쳤다. 건물 앞에 한아름쇼핑몰에서 탈출한 손님과 직원들이 발을 동동 구르며 화재를 지켜봤다. 곧 32대의 소방차와 128명의 소방대원이 화재 현장에 모였다. 화재 신고를 받은 지 5분 만에 도착한 것이다. 구경하던 사람들이 몰려왔다.

"지하에서 불이 시작된 것 같아요."

"제 차가 지하 주차장에 있어요. 언제 꺼낼 수 있습니까?"

사람들이 소리쳤다.

소방대원들은 신속하게 소방 작업을 시작했다. 도로 위에 러버콘(원통 모양의 도로 표지)을 세워서 오가는 차량과 사람을 막았다. 도로 위 소화전에 소방 호스를 연결하고 펌프차에도 소방 호스를 연결했다.

"건물 관리자 계십니까?"

소방 지휘대장이 외쳤다.

모여든 사람들 사이에서 회색 점퍼를 입은 관리소장이 한 손을 위로 흔들며 달려왔다. 다른 손은 팔에 검은 토시를 낀 남자의 팔을 잡고 있었다.

"지하 2층 주차장에서 스프링클러 공사를 했습니다. 이분이 수리 기사고요."

관리소장이 옆 사람을 가리켰다.

"아마 용접기에서 불꽃이 튀었나 봅니다. 근처에 빈 박스가 여러 개 있었는데 거기에 불꽃이 튄 건지……. 아니 아니, 사실 저도 잘 모르겠습니다. 등이 뜨거워서 뒤돌아보니 재활용 쓰레기장에서 불이 활활 타올라서……."

"그래서 화재가 났는데도 스프링클러에서 물이 안 쏟아졌습니다. 수도관 밸브도 잠근 상태였고요."

수리 기사의 말에 관리소장이 덧붙였다.

"네, 알겠습니다. 안에 있는 사람들은 다 대피했습니까?"

지휘대장이 물었다.

"지하 1층 저희 매장에 있던 사람들은 다 대피했어요. 제가 매장 화장실까지 살피고 마지막으로 나왔어요."

가람마트 로고가 새겨진 주황색 티셔츠를 입은 여자가 대화에 끼어들었다.

"1, 2층은 상점, 3층엔 상점이랑 식당들이 같이 있고요. 6층은 뷔페식당입니다. 그런데 요즘 장사가 안돼서 문 닫은 지 좀 됐어요. 문제는 4, 5층 사우나인데, 거긴 영업했어요."

관리소장이 설명했다.

"아휴, 정말 걱정이네."

가람마트 직원이 얼굴을 찡그렸다.

"도움이 될 것 같아서 챙겨 왔습니다."

관리소장이 점퍼 주머니에서 건물 안내 지도를 꺼내 지휘대장에게 건넸다.

  그사이에 소방대원들은 두 사람씩 짝이 되어 소방 호스 끝을 잡았다. 앗! 110킬로그램이 넘는 한별님이 휘청거릴 정도로 거센 물줄기가 불길 위로 쏟아졌다. 물방울이 사방으로 튀었다. 사다리에 올라탄 소방대원들이 2, 3층의 불을 껐다.

"저기요, 저기 사람 있어요!"

  구경꾼들 사이에서 누군가 외쳤다. 여기저기서 안타까운 비명이 터졌다.

"살려 주세요. 우리 여기 있어요."

  6층 마지막 창문에서 세 명이 목욕 수건을 흔들며 소리쳤다.

  곧 사다리 소방차가 구조할 사람 쪽으로 이동했다. 천천히 사다리가 위로 올라가자 소방대원이 사다리를 밟고 올라갔다. 갇힌 사람들은 소방대원의 부축을 받으며 6층 창문으로 한 사람씩 나와 사다리로 옮겨 탔다.

  와! 아래에서 구경하던 사람들이 감탄하며 박수를 쳤다.

  119구급대원들이 달려가 구조된 사람들에게 산소마스크를 씌우고 신속하게 구급차에 태웠다. 곧 119구급차가 병원으로 출발

했다.

"큰불은 잡았습니다. 이제 안으로 들어갑니다."

권혁 진압대장이 지휘대장에게 보고했다.

큰 불길을 끈 뒤엔 건물 안으로 들어가서 남은 불을 끄고, 사람도 구조해야 한다.

"조심하게."

지휘대장이 권혁의 팔을 잡고 당부했다.

화재 진압대원들은 건물 안내 지도를 다시 보면서 머릿속에 내부 구조를 새겼다. 그리고 마스크를 쓰고 건물 안으로 들어갈 준비를 했다. 한별님도 공기통과 연결된 마스크를 썼다.

"모두 조심해."

권혁이 안전줄을 들고 검은 연기가 밀려 나오는 지하 주차장 안으로 들어갔다. 연기 때문에 앞이 보이지 않는 곳에서는 뒷사람들이 안전줄을 따라가야 서로 헤어지지 않고, 나올 때도 쉽게 길을 찾을 수 있다.

한별님은 손전등을 켰다. 목과 귀를 보호하기 위해 헬멧 안에 쓴 방화두건이 땀에 젖었다. 연기 속에서 앞서가는 대원의 반사띠가 반짝였다. 한별님은 안전줄을 따라 빠르게 걸었다.

소방 호스로 큰불을 껐지만 여전히 지하 주차장은 뜨거웠다. 주차된 차들에서 연기가 피어올랐다. 대원들은 차에 남은 불씨를 끄면서 앞으로 향했다.

허어 허어 허억. 한별님은 열과 불을 막을 수 있는 소방복을 입었지만, 연기에 갇힌 느낌이었다. 갑자기 머리가 멍해지면서 숨을 쉴 수 없을 만큼 겁이 났다. 한별님은 자기도 모르게 뒷걸음쳤다. 최동일이 한별님을 돌아봤다. 그리고 깊게 숨을 들이마시는 시늉을 했다. 한별님은 숨을 천천히 깊이 들이마셨다. 공기통에서 나온 맑은 공기를 들이마시자 조금 진정이 되었다.

지하 1층 안쪽에 있는 냉동 창고에 도착했다. 문이 살짝 열려 있었다. 문틈 사이로 시커먼 연기가 새어 나왔다. 권혁의 신호에 따라 대원들은 문 옆에서 대기했다. 권혁이 냉동 창고 문을 열었다. 냉동 창고의 단열재와 저장한 식품들이 타면서 나는 검은 연기가 창고 안에 가득했다. 불에 탈 것은 이미 다 타고 불이 꺼진 뒤였다.

진압대원들은 연기가 가득한 비상계단의 불을 진압하며 위층으로 올라갔다.

진압대원들은 3층에 도착했다. 비상계단 주변은 상가, 안쪽은 푸드 코트다. 3층은 소방대원들이 소방 호스로 신속하게 불을 껐기 때문에 완전히 타지 않았다. 붉은 카펫이 깔린 바닥이 축축했다. 남은 불을 찾아 확실하게 끄고 부상자를 찾기 위해 대원들은 신속하게 사방을 살피며 3층 안으로 깊숙이 들어갔다.

"어? 우리 집 인테리어 작업을 한 회사네."

'올뉴데코'란 간판을 보고 한별님이 멈췄다. 한별님의 집 벽지를 바꿀 때 사장님이 굉장히 꼼꼼하게 해 주셨다. 문 위에 난 창문으로 안을 들여다보니, 비닐 장판과 벽지, 페인트 등이 쌓여 있다. 아마도 가게 문을 닫은 것 같았다.

"으악, 뜨거워!"

한별님은 별생각 없이 문에 얼굴을 댔다가 깜짝 놀랐다. 문이 엄청나게 뜨거웠기 때문이었다.

'이상하네. 안에 불도 없는데 왜 이렇게 뜨겁지?'

한별님은 뭔가 좀 이상하게 느껴졌다. 물건들이 쌓인 가게 안에서 뭔가 움직이는 느낌도 들었다. 연기였다. 아무도 없는 가게 안에서 연기가 소용돌이쳤다. 쉬이익, 하는 바람 소리도 들리는 것 같았다.

한별님은 가게 안을 자세히 들여다봤다. 한쪽 벽을 가득 채운 물건들, 벽 앞에 놓인 책상 그리고 책상 아래……. 책상 아래로 파란 슬리퍼가 보였다.

"어? 어? 저, 저기 사람, 사장님!"

한별님이 책상 아래를 가리켰다.

"왜 그래요?"

최동일이 한별님에게 다가왔다.

한별님이 문손잡이를 잡았다.

"위험해!"

최동일이 한별님에게 소리쳤다.

하지만 이미 한별님이 손잡이를 돌려 문을 연 뒤였다.

슈우우욱, 뭔가가 공기를 들이마시듯, 복도의 공기가 가게 안으로 빨려 들어갔다.

"안 돼!"

외마디 비명을 지르며 최동일이 한별님에게 뛰어들었다. 두 사람은 옆으로 튕겨 나가떨어졌다.

동시에, 파아악 쾅! 가게 안에서 폭발이 일어났다. 불붙은 가게 문이 튕겨 나갔다. 불길은 복도를 지나 맞은편 가게를 사납게 후려쳤다.

한별님은 머리를 복도 바닥에 세게 부딪혔지만 아픈 것도 몰랐다.

으아아아악! 처절한 비명이 들렸다. 최동일의 다리에 불이 붙었다. 권혁과 다른 대원들이 뭐라고 외치며 소화기를 들고 달려왔다. 갑자기 모든 게 소리 없는 슬로비디오처럼 보였다. 한별님은 아무 생각도 할 수 없었지만, 몸은 저절로 소화기를 작동시켜 최동일의 다리에 붙은 불을 껐다.

"한 기자, 괜찮아?"

호출을 받은 구급대원들이 와서 최동일을 싣고 내려가자, 권혁이 한별님의 표정을 살폈다.

한별님은 급하게 고개를 끄덕였다.

"백 드래프트(역류 현상)야."

"죄송합니다. 맞다, 안에 사람이……."

한별님은 자기를 둘러싼 대원들을 헤치고 '올뉴데코' 안으로 들어갔다. 가게에 쌓였던 물건들은 이미 다 불에 타 검은 연기만 피어올랐다. 한별님은 허둥지둥 책상으로 다가갔다.

'슬리퍼야, 사람이 아니야!'

불에 녹아 버린 슬리퍼를 보자, 한별님은 눈물이 쏟아질 것 같았다. 하지만 한별님은 입술을 꽉 깨물었다. 아직 할 일이 남았다.

화재 진압대원들은 4층으로 올라갔다. 다행히 4층의 방화문은 닫혀 있었다. 검게 그을린 방화문을 열고 안으로 들어갔다. 아무도 없었다. 곧바로 5층으로 올라갔다.

5층은 방화문이 열려 있었지만 불길이 올라오지는 못했다. 화재로 전기가 나간 데다, 창문에 검은 비닐이 붙어 있어 어두웠다. 연기와 뜨거운 김이 가득해서 앞이 잘 보이지 않았다.

대원들은 흩어져서 목욕탕, 수면실, 매점 등을 살폈다. 아무 소리도 들리지 않았고, 아무도 보이지 않았다.

권혁이 밖으로 나가자는 신호를 했다.

한별님이 고개를 끄덕이고 나오려는데 목욕탕 구석, 비닐 커튼이 눈에 들어왔다. 한별님이 다가가 커튼을 걷어 젖혔다. 때밀이 침대가 보였고, 그 뒤로 '여자 화장실'이란 팻말이 붙은 검은 유리문이 보였다.

"소방관입니다. 누구 계십니까?"

한별님이 화장실 문을 열고 안으로 들어갔다.

"여기요."

작은 소리가 들렸다.

할머니를 부축하고 젊은 여자가 다가왔다. 머리와 어깨에 젖은 수건을 두르고 있었다.

어느새 권혁이 다가와 무전기로 구급대원을 불렀다.

"체험 활동치고는 많이 위험했죠?"

권혁이 한별님에게 물었다.

한아름쇼핑몰 화재를 진압하고 대원들은 119안전센터로 돌아왔다. 샤워를 해서 화재 현장의 그을음과 땀을 씻어 냈다.

"제가 피해만 준 거 같습니다. 최동일 대원님께 정말 죄송합니다."

"안전이 가장 중요하지만 위험을 각오하는 것도 우리 소방대원의 숙명입니다. 최동일 대원은 크게 다치지 않았대요. 불에 잘 타지 않는 소방복을 입었고 한별님 기자가 신속하게 불을 끈 덕분입니다."

"진짭니까? 그분 진짜 괜찮답니까?"

"그렇다니까요. 한 기자에게 메시지도 전해 달라더군요. '내 몫까지 먹어 주오.'라고요."

"하! 정말, 정말 다행입니다. 그럼, 이제 최동일 대원의 몫까지 먹는 일만 남았군요. 가시죠, 식당으로!"

한별님은 씩씩하게 식당 문을 열었다. 매콤하고 고소한 카레 냄새가 콧구멍에 쏙 들어왔다. 꼬르르륵 꼬르륵. 텅텅 빈 위가 당장 음식물을 넣어 달라며 경련을 일으켰다.

띠리리리리리링, 띠리리리리리링. 다시 비상벨이 울렸다.

권혁이 먹던 밥을 팽개치고 소방차 차고로 달려갔다. 한별님도 뒤따라 달렸다.

'진짜 영웅은 영화 속이 아니라, 119안전센터에 있어!'

한별님은 순식간에 출동 준비를 마친 소방대원들을 보고 감탄했다.

"출동!"

119소방대원을 태운 소방차가 위험에 처한 사람을 구하러 힘차게 출발했다.

권혁 소방대원을 만나 119소방대에 대해 알아보았어요.

한별님 : 소방대원으로 활동하기 전에 소방 대응 훈련을 하죠? 어떤 훈련을 하는지 소개해 주십시오.

권혁 소방대원 : 소방대원은 사람의 생명과 재산을 화재나 각종 자연재해, 사고로부터 지키는 직업입니다. 아주 중요하고 위험하고 힘든 일이죠. 소방대원 스스로의 목숨이 위험할 때가 많고요. 그래서 꾸준히 소방 대응 훈련을 받아야 합니다. 20kg이 넘는 소방 장비를 메고 수직으로 곧게 선 사다리를 안전하게 오르내리는 훈련을 합니다. 소방차나 소화전에 연결한 소방 호스에서는 아주 센 물줄기가 뿜어 나옵니다. 몸이 휘청거릴 정도예요. 또 구조한 사람을 업고 나와야 하는 경우도 있습니다. 그래서 매일 체력 단련도 해야 하죠. 소방 장비도 매일 점검합니다. 소방 장비는 소방대원의 목숨을 지켜 주니까요. 재빠르게 출동하는 훈련도 합니다. 119 안전센터 곳곳에 설치된 경보기가 울리면 1분 안에 소방복으로 갈아입고 장비를 챙겨서 소

방차에 타야 하니까요.

한별님: 제가 꽤 힘이 센데도 장비가 엄청 무겁게 느껴졌습니다. 소방 장비는 어떤 것이 있나요?

권혁 소방대원: 개인 소방 장비는 무게가 26kg 정도입니다. 불길 속에서 발생하는 열기와 불꽃, 유독 가스로부터 소방대원을 보호하기 위한 아주 소중한 장비들이죠. 소방 장비의 종류를 소개하겠습니다.

공기 호흡기 세트 : 화재 진압 현장은 유독 가스가 발생한다. 공기통과 호흡기로 소방대원의 호흡기를 보호한다.

소방용 헬멧 : 열기와 위에서 떨어지는 물건 등의 충격으로부터 소방대원과 구조대원의 머리를 보호한다.

특수 방화복 : 열과 불꽃뿐 아니라 물이 스며드는 것도 막는다. 아주 무겁고 입고 있으면 땀이 많이 난다.

방열복 : 뜨거운 열기와 유독 가스가 있는 화재 현장에서 소방대원을 보호하는 옷이다.

안전 장갑 : 화재 및 인명 구조 현장에서 뜨겁거나 날카로운 물질로부터 소방대원의 손이나 손목을 보호한다.

가죽 안전화 : 화재 진압, 인명 구조할 때 소방대원의 발을 보호하는 무겁고 두꺼운 소방용 안전화이다.

인명 구조 경보기 : 소방대원, 구조대원이 의식을 잃거나 위험할 때 경보기를 작동시켜 구조를 요청한다.

한별님: 사실 저는 소방대원 체험 활동을 하면서 119구조견을 만나고 싶었습니다. 119구조견은 어떤 일을 합니까? 설마 불을 끄는 건 아니겠죠?

권혁 소방대원: 소방관이 불을 끄거나 예방하고, 위기에 처한 사람을 구하는 일만 한다고 생각하는데요. 화재의 원인을 밝히고 피해가 얼마나 큰지를 계산하는 것도 소방관의 역할입니다. 119구조견은 화재를 진압한 현장에 출동해서, 화재가 시작된 장소와 원인을 찾습니다. 구조할 사람을 찾는 일도 물론 하고요. 최근엔 물속에 있는 사람을 찾는 역할까지 합니다. 119구조견도 훌륭한 소방대원이죠.

119구조견, 추락 차량에서 실종된 생존자 찾아내

　차량 추락으로 실종된 운전자가 119구조견 덕분에 목숨을 건졌다. 오성시 소방서에 따르면 지난 27일 오성시 북구에서 200m 경사면을 추락한 승용차 운전자를 119구조견이 발견했다고 한다. 당시 사고 현장에는 수십 명의 소방당국과 경찰 인력이 실종자 수색 작업을 벌이고 있었다. 119구조견들은 차량에서 500m 떨어진, 수풀이 많고 가파른 지역을 수색하던 중 실종된 운전자를 찾아냈고, 그 덕분에 운전자는 무사히 구조되어 목숨을 건졌다. 현재 오성시 소방서에는 119구조견 3마리가 활약하고 있다.

2023년 09월 오성일보

한별님의 취재자료

119만 누르면 언제, 어디에라도 우릴 찾아와 돕는 119소방관들. 119안전센터에는 다양한 소방관이 있다. 그중에 소방대원과 구조대원, 구급대원이 어떤 일을 하는지 정리해 보았다.

불을 끄고 사람과 동물 등을 구조한다.

차, 열차, 비행기, 배 등의 사고가 난 곳에서 사람을 구조하고 불을 끈다.

높은 곳에 갇힌 사람과 동물을 구조한다.

길 잃은 사람을 구조한다.

응급환자를 신속하게 응급처치한 뒤 병원으로 옮긴다.

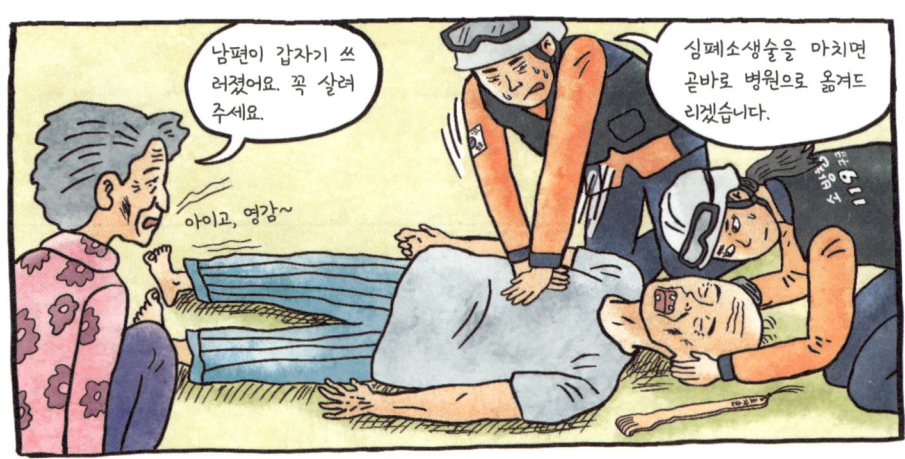

홍수, 태풍, 지진, 폭설 등의 자연재해를 당한 주민을 안전하게 구조한다.

높은 곳에서 떨어진 사람을 구조한다. 다친 사람을 병원으로 옮긴다.

마을을 순찰하며 불이 나지 않도록 예방한다.

목적지까지 모셔 드립니다. 대중교통 운전 기사

"안녕하십니까? 행운의 77번 버스 기사 황소입니다. 사흘 동안 잘 부탁합니다."

황소가 기사 휴게실에 들어와서 꾸벅 고개를 숙였다. 황소는 시내버스 회사인 동영운수에서 시내버스 기사를 체험하기로 했다. 오성시 외곽에 있는 차고지는 오봉산 아래 있다. 주변은 논밭과 공장 등이 있는 변두리다.

"이게 누구야? 통신문 황 기자가 여긴 무슨 일이야?"

"아이고 준식 형님, 여기서 뵙네요."

"뭘 또 취재하려고?"

"대중교통 기사가 필수 노동자 아닙니까? 직접 체험하고 기사를 쓰려고요. 그런데 시외버스 운전하시더니 여기로 옮기셨나 보네요."

"응. 시외버스 운전은 힘들어서 말이야. 나이 드니까 오래 앉아 있는 게 힘들더라고."

오준식 기사는 황소가 몇 년 전 시외버스 화재 사고를 취재할 때 도와준 일이 있었다.

"만만치 않을 텐데……. 괜찮겠어, 진짜? 아, 나 걱정되는데."

"걱정 마십시오. 저 버스 운전 자격증도 있습니다. 준비된 버스 기사 황소, 출발합니다. 하하하하."

"배차 간격, 교통신호 잘 지키고, 급발진, 급정거 주의하세요."

77번 버스를 운전하는 최진욱 기사가 버스 앞문 첫 번째 자리에 앉았다. 최진욱은, 황소가 77번 버스 노선을 한 바퀴 도는 동안 함께 타서 가르치기로 했다.

"선배님, 걱정을 마십시오. 이제 출발합니다."

황소가 현금을 넣는 돈 통을 제자리에 넣고 자물쇠를 잠갔다. 그리고 운전석에 앉아 버스를 출발시켰다. 차고지에서 나오자

마자 첫 번째 정류장이다. 할머니가 버스를 보자 손을 들었다. 바닥엔 다양한 채소들을 싼 보따리가 여럿이다.

"다음엔 큰 보따리 하나로 싸세요. 이러시니까 버스가 매번 늦어지잖아요."

최진욱이 할머니 보따리를 받아 버스 뒷문 옆자리로 옮기며 말했다. 직접 키운 채소를 싼 보따리가 6개나 됐다.

"미안합니다."

할머니는 '영차' 힘을 줘서 버스에 타고, 2000원을 돈 통에 넣었다.

황소는 거스름돈 버튼을 눌렀다. 돈 통에 쌓인 100원짜리 동전들이 밑으로 떨어졌다. 이렇게 비가 오는데 채소를 어떻게 팔려는 걸까 걱정하는 순간, 교통신호가 빨간 불로 바뀌었다. 윽! 황소는 브레이크를 밟았다. 버스가 급정거했다.

"출발한 지 얼마나 됐다고 딴생각을 해요? 운전에 집중합시다."

최진욱이 얼굴을 찡그렸다.

승객들이 타고 내리는 사이, 77번 버스는 오성 시내로 들어섰다. 그쳤던 비가 슬금슬금 다시 내렸다. 황소는 와이퍼를 켜서 앞 유리에 맺힌 빗방울을 쓸어 냈다. 최진욱이 옆으로 와서 라디오 볼륨을 올렸다. 오성 교통방송 라디오에선 폭우로 침수된 도로 상황을 실시간으로 알려 줬다.

"저기 기사님. 이 버스, 율동 초등학교 갑니까?"

"네? 아, 율동 초등학교……. 그게 저기, 이 버스는 안 가네요."

황소는 옆에 붙어 있는 버스 노선표를 확인하고 고개를 저었다.

"그럼 몇 번 버스 타야 갑니까?"

할아버지가 다시 물었다. 뒤에 선 사람들이 할아버지를 제치고 버스에 탔다.

"아이고, 어쩌죠? 어르신, 잘 모르겠네요. 죄송합니다."

황소가 엉거주춤하게 일어나 고개를 숙였다.

"황소 씨, 운행 시간 안 맞춰요? 빨리 출발해요."

최진욱이 황소에게 날카롭게 말했다.

77번 버스가 노선을 거의 다 돌고 차고지까지 여덟 정류장이 남았을 때였다. 황소는 소변이 마려웠다. 새벽 4시에 출근하느라 잠을 적게 잤다. 그래서 운전하다 졸까 봐 커피를 3잔이나 마신 게 탈이었다.

'아우, 큰일이네.'

얼굴에 소름이 돋고 정수리까지 식은땀이 났다. 자기도 모르게 가속 페달을 밟았다.

버스에 선 승객들이 휘청거렸다.

"기사 양반. 안전 운전 좀 합시다."

서 있다가 몸이 앞으로 휙 쏠린 중년 남성이 소리쳤다. 우산에서 떨어진 빗방울 때문에 버스 바닥이 미끄러웠다.

"천천히, 천천히! 안전 운전이 제일 중요합니다. 버스 간격도 지켜야 하고요. 이렇게 서두르다 먼저 출발한 77번 버스를 앞지르겠어요."

황소 마음도 모르고 최진욱이 주의를 줬다.

황소는 2시간짜리 노선을 2시간 30분 만에 무사히 마치고 차고지에 도착했다. 도착하자마자 황소는 앞뒷문을 다 열고 화장실로 뛰어갔다. 잠시 후 황소는 편안해진 표정으로 버스에 돌아왔다.

"세상에 돈 통을 팽개치고 버스에서 내리는 기사가 어디 있

습니까? 혹시라도 누가 집어 가면 기사가 다 물어내야 해요."

최진욱이 버스 문 앞에서 소리 질렀다.

"으아악! 맞다, 돈 통."

황소가 버스에 뛰어올라 돈 통을 들고 내렸다.

"나 참 어이없구먼! 뭐 그래도 첫 운전치고는 잘했어요. 고생 많았습니다."

최진욱이 황소에게 손을 들어 인사하고 옆에 선 77번 버스에 올랐다. 황소가 늦게 도착해서 배차 시간에 맞추려면 바로 출발해야 했다.

매콤달콤한 고추장 돼지불고기 냄새가 기사 휴게실 안으로 들어왔다. 황소 코가 움찔했다. 잠깐 졸던 황소가 퍼뜩 정신을 차렸다.

"밥 왔습니다."

식당 배달원이 포장한 돼지불고기 백반을 들고 들어왔다.

"오호, 황홀한 냄새! 맛있겠다. 어, 이게 뭐야?"

황소가 입맛을 다시며 포장 비닐을 풀다 소리를 버럭 질렀다. 밥과 반찬이 한쪽으로 쏠렸고 소중한 돼지불고기의 국물이 새어 버렸다.

"죄송합니다. 비가 너무 많이 와서 미끄러졌어요."

배달원이 고개를 숙였다. 검은 우비에서 빗물이 뚝뚝 떨어졌다.

"큰일 날 뻔했네요. 다치진 않았어요?"

"네, 괜찮습니다. 그리고 저기, 죄송한데, 배달 평가는 별 5개 부탁합니다. 식사 맛있게 하십시오."

배달원이 어색하게 웃으며 되돌아갔다.

그때 황소의 전화벨이 울렸다. 아내다. 비가 많이 와서 딸과 아내는 학교에도, 회사에도 가지 않았단다. 운전 조심하라며 아내가 전화를 끊었다. 창밖을 흘깃 보니, 비 쏟아지는 기세가 만만치 않다. 하지만 폭우가 쏟아져서 길이 물에 잠기든, 태풍이 불어 나무가 쓰러지든 버스는 운행을 해야 한다. 황소는 시간을 확인하고 후다닥 점심을 먹었다. 평소엔 백반 2인분에 공깃밥 3개를 먹는데, 오늘은 운전하다가 화장실에 가고 싶어질까 봐 1인분만 먹었다.

'이게 바로, 그 무섭다는 강제 다이어트로구먼!'

황소는 77번 버스를 출발시키며 중얼거렸다.

세 번째 운행이라 그런지, 황소는 버스 내비게이션 안내에 맞춰 별문제 없이 버스를 운전했다. 문제는 시내 진입 구간에서 시작됐다. 하수구가 막힌 건지 사방이 흙탕물에 잠겼다. 차선은 물론, 차도와 인도도 보이지 않았다. 황소는 신호등과 교통 표지판 등을 확인하며 조심조심 운전했다. 그나마 다행인 건 시내버스 외에 다니는 차들이 거의 없어서 도로가 한산하다는 거다.

빗줄기는 더 거세지고 수위는 점점 높아졌다. 퇴근 시간이지만, 길에는 사람이 거의 보이지 않았고, 도로엔 버려진 승용차들만 흙탕물에 잠겨 있었다.

"흠, 이거 큰일인걸."

황소가 중얼거렸다.

앞에 버스가 지나가는 대로 물길이 갈라졌다가 다시 모였다. 황소는 앞 버스와 거리를 유지하며, 도로에 버려진 승용차를 피해 천천히 버스를 운전했다. 버스는 바퀴가 크고 차체도 높다. 그래서 아직 버스 안으로는 빗물이 들어오지 않았다.

"기사님, 저기 누가 타려나 봐요. 손 흔드네."

내리는 승객이 없어서 황소가 정류장을 그냥 지나치려는 순간, 뒷자리에 앉은 할아버지가 소리쳤다.

빗줄기에 가려 앞이 잘 보이지 않는 데다, 버스를 탈 사람도 비를 피해 정류장 안쪽에 서 있어서 잘 보이지 않았다. 황소는 정류장에 버스를 세우고 앞문을 열었다. 순식간에 두 번째 계단까지 빗물이 들이찼다.

"감사합니다. 버스 안 올까 봐 걱정했어요."

배낭을 멘 젊은 남자가 버스 안으로 뛰어올랐다.

"버스는 비가 오나 눈이 오나, 설이나 크리스마스에도 운행합니다. 하하하하."

승객이 고마워하니 황소는 기분이 좋았다.

남자는 고개를 까닥 숙여 인사하고, 버스 제일 뒷자리에 가 앉았다.

다음 정류장에선 서류 가방을 든 아주머니가 탔다. 아주머니 치마는 허벅지까지 젖었다.

"아휴, 버스가 있어서 정말 다행이에요. 집에 못 가는 줄 알았어요."

아주머니는 자가용을 타고 집에 가다가, 도로에 자가용을 버려두었다고 했다.

"물이 차서 전기선에 닿았는지 차가 멈춰 버렸어요. 창문도 안 열리더라고요."

아주머니는 최진욱 기사가 앉았던 자리에 앉아 차맛단을 비틀었다. 물이 조르륵 떨어졌다.

"우리는 기사님 덕분에 집에 가는데, 기사님은 집에 어떻게 가오?"

황소 뒷자리에 앉은 할아버지가 걱정했다.

"심야 버스 타면 됩니다."

황소가 앞 버스와의 간격을 유지하며 조심스럽게 버스를 운전했다. 황소는 내리는 승객이 없고 정류장에 탈 사람이 안 보

여기요, 여기!

여도 일단 정류장마다 버스를 세웠다. 이렇게 폭우가 쏟아지고 도로가 물에 잠긴 상황에서 운행할 수 있는 교통수단은 대중교통밖에 없을 것 같았다.

시내를 다 돌고 차고지가 있는 시골길로 다시 들어섰다. 도로 양옆의 논밭이 빗물에 잠겨 거대한 연못 같았다.

하아아아아암. 긴장이 조금 풀어지면서 잠이 쏟아졌다. 황소는 힘껏 눈을 감았다 떴다. 눈이 따갑고 눈물이 나왔다.

덜컹! 웅덩이 안으로 바퀴가 빠지며 버스가 오른쪽 앞으로 흔들렸다.

윽, 황소 눈이 휘둥그레졌다. 졸음이 확 달아났다. 황소는 운전대를 꽉 잡았다.

어머, 앗! 승객들도 짧은 비명을 질렀다.

"죄송합니다. 웅덩이가 있었습니다."

황소가 앞길을 주시한 채로 승객들에게 사과했다. 기사는 승객들을 목적지까지 안전하게 태워주는 게 가장 중요하다. 황소는 눈에 힘을 주고 고개를 세차게 흔들어 잠을 쫓았다.

퇴근 시간, 황소가 기사 휴게소에 들어왔다. 폭우와 침수 때문에 평소보다 천천히 운전해서 퇴근 시간이 40분 정도 늦어졌다.

"기사님들, 수고 많으십니다. 앞으로 기사님께 감사하며 버스를 타겠습니다. 여러분은 진짜, 이 사회에 꼭 있어야 하는 필수 노동자이십니다. 감사합니다."

황소는 휴게소에서 쉬는 기사들에게 고개 숙여 인사했다.

기사들이 황소를 멍하니 쳐다보다가 서로를 바라보며 고개를 끄덕였다.

"그렇게 말해 주니 쑥스럽긴 한데, 고맙네."

오준식이 웃었다.

"황 기자도 고생 많았습니다. 우리 대중교통 운전 기사들의 얘기를 잘 소개해 줘요."

최진욱이 다가와 손을 내밀었다.

"네, 선배님."

황소가 최진욱의 손을 맞잡았다. 피곤했지만 필수 노동자로 보낸 하루가 보람찼다.

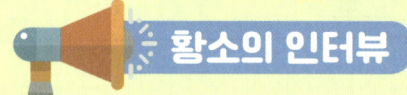

최진욱 버스 운전 기사를 만나 대중교통 운전 기사에 대해 알아보았어요.

황소 : 시내버스 운전 기사를 체험해 보니, 생각과 매우 달랐습니다. 제가 기자라서 취재를 갈 때, 여섯 시간 넘게 차를 운전한 적도 있거든요. 그런데 2시간짜리 노선을 도는 시내버스를 운전하는 게 훨씬 힘들었습니다. 최진욱 기사님은 힘들 때 없으십니까?

최진욱 기사 : 황소 기자가 첫 운행에서 경험했을 텐데요. 버스를 운전하는 동안 화장실에 가기 힘들다는 거요. 시내버스뿐 아니라 시외버스, 고속버스를 운전하는 기사들은 다 공감할 겁니다. 아, 지하철 운전 기사도 마찬가지겠네요.

황소 : 맞습니다. 정말 생리 현상을 참아야 하는 건 고통이었습니다. 그런데 제가 차고지에 늦게 도착했을 때, 최진욱 기사님은 쉬지도 못하고 바로 버스를 출발시키셨죠. 화장실도 가고 좀 쉬시면 좋았을 거 같습니다.

최진욱 기사 : 그것도 화장실에 못 가는 것과 같은 이유 때문입니다. 버스뿐 아니라 대중교통 수단은 배차 시간이 정해져 있습니다. 버스는 일정한 도로(노선)을 정해진 시간 안에 돌아야 하죠. 77번 버스는 배차 간격이 12분입니다. 12분 간격으로 77번 버스가 차고지를 출발해서 2시간 동안 노선을 다 돌아야 하는 겁니다. 황소 씨가 늦게 도착했기 때문에 제가 쉴 틈이 없었던 거죠. 배차 시간은 승객과의 약속입니다. 정해진 시간에 정류장에 도착해야 승객들이 안심하고 버스를 타지 않겠습니까?

황소 : 죄송합니다. 역시 저 때문에 쉬시지 못했군요. 그런데 인터뷰를 하다 보니, 버스 기사의 힘든 점만 얘기한 것 같습니다. 버스 기사로 일하며 보람도 많을 것 같은데요. 그 얘기 좀 해주실 수 있을까요?

최진욱 기사 : 아주 심한 자연재해라면 버스도 못 다니겠지만, 오늘처럼 도로가 물에 잠겨서 자가용을 이용할 수 없을 때 버스가 없으면 사람들이 어떻게 목적지까지 갈 수 있겠습니까? 새벽이나 밤늦게 저희 버스를 타고 안심하시는 승객을 보는 것도 큰 보람입니다. 자가용을 이용할 수 없거나 택시 등을 이용하는 게 경제적으로 부담스러운 승객에게도 대중교통 수단이 꼭 필요하고요.

또 버스 기사 폭행, 처벌 강화해야

　달리는 버스에서 운전 중인 버스 기사를 폭행하는 일이 또 일어났다. 버스 요금을 미리 준비해 달라는 기사의 말에 버릇이 없다며 50대 남성이 주먹을 휘두른 것이다. 기사가 사고를 피하려고 브레이크를 밟아 무사했지만, 하마터면 큰 사고로 이어질 뻔했다. 이처럼 경찰에 신고되는 버스나 택시 기사 폭행 사건은 계속 증가하여 올해 4천 건이 넘었다. 하지만 여전히 솜방망이 처벌에 그치고 있다. 현재 우리나라의 법에 따르면 운행 중인 택시나 버스에서 기사를 폭행하면 최고 징역 5년 형까지 처벌할 수 있다. 하지만 그중에서 재판에 넘겨지는 것을 일부이고, 그 가운데 절반 가까운 사건이 집행유예 처분을 받았다. 이에 따라 기사 폭행에 대한 처벌을 강화해야 한다는 지적이 나오고 있다.

2023년 12월 월간오성

시내버스, 시외버스, 고속버스, 마을버스, 지하철, 철도와 항공, 해운(배) 등은 대중교통 수단이다. 한 번에 많은 사람과 물자를 운반할 수 있다. 대중교통의 장점을 정리해 보았다.

환경 오염을 줄이는 데 도움이 된다. 특히 온실가스를 줄이는 데 효과적이다. 또한 석유, 천연가스 등의 자원을 아낄 수 있다.

교통 체증을 줄여 시간을 절약할 수 있다.

많은 승객과 화물을 한 번에 옮길 수 있어 운송 비용이 절약된다.

버스 정류장이나 지하철역까지 가고, 환승할 때 움직이니 운동하는 효과가 있다.

집까지 배달해 드려요, 배달 노동자

"전화해 줘서 고마워! 역시 우리 하지밖에 없네."

제갈윤이 전화기로 황송하지에게 인사했다.

제갈윤은 통신문 어린이 기자 황송하지와 가장 친하다. 다른 기자들이 취재를 나가면 제갈윤과 황송하지만 신문사에 남아 다양한 문제를 토론했다. 제갈윤은 황송하지의 엉뚱한 호기심을 감탄하며 들었다. 그리고 어떤 질문에도 진지하게 대답해 주었다. 가끔은 책상에 쌓아 둔 다크 초콜릿을 나눠 주기도 했다. 그래서 황송하지는 궁금한 게 생기면 제갈윤과 대화하기 위해 신문사로 달려왔다.

"제갈 기자님, 많이 아프죠? 열이 엄청 나고, 목도 막 붓고, 기침도 계속 나죠? 저도 걸려 봐서 알아요."

수화기 너머로 황송하지의 목소리가 들려왔다.

"크큼, 난 먹고 싶은 걸 못 먹는 괴로움이 너무 커서 아픈 것도 모르겠다. 다크 초콜릿이 2개밖에 안 남았어. 아주 불안한 상황이야."

제갈윤은 목이 붓고 따끔거렸지만 아무렇지 않은 척했다.

"그래요? 아참! 호리병 기자님이 다크 초콜릿을 택배로 보냈대요. 조금만 참으세요."

"호리병 기자가……? 이렇게 고마울 수가! 그래, 알려 줘서 고맙다. 응, 안녕. 하지도 건강하게 지내."

제갈윤은 코로나19에 걸려서 1주일 동안 자가 격리하라는 보건소의 안내 문자를 받았다.

'하지만 괜찮아. 난 움직이는 걸 싫어하니까.'

제갈윤은 통신문사의 유일한 편집 기자다. 돌아다니며 취재하는 것보단 인터넷과 책, 각종 미디어에서 정보를 찾는 능력이 뛰어났다. 문법에 맞게, 정확하게, 이해하기 쉽게 기사를 썼

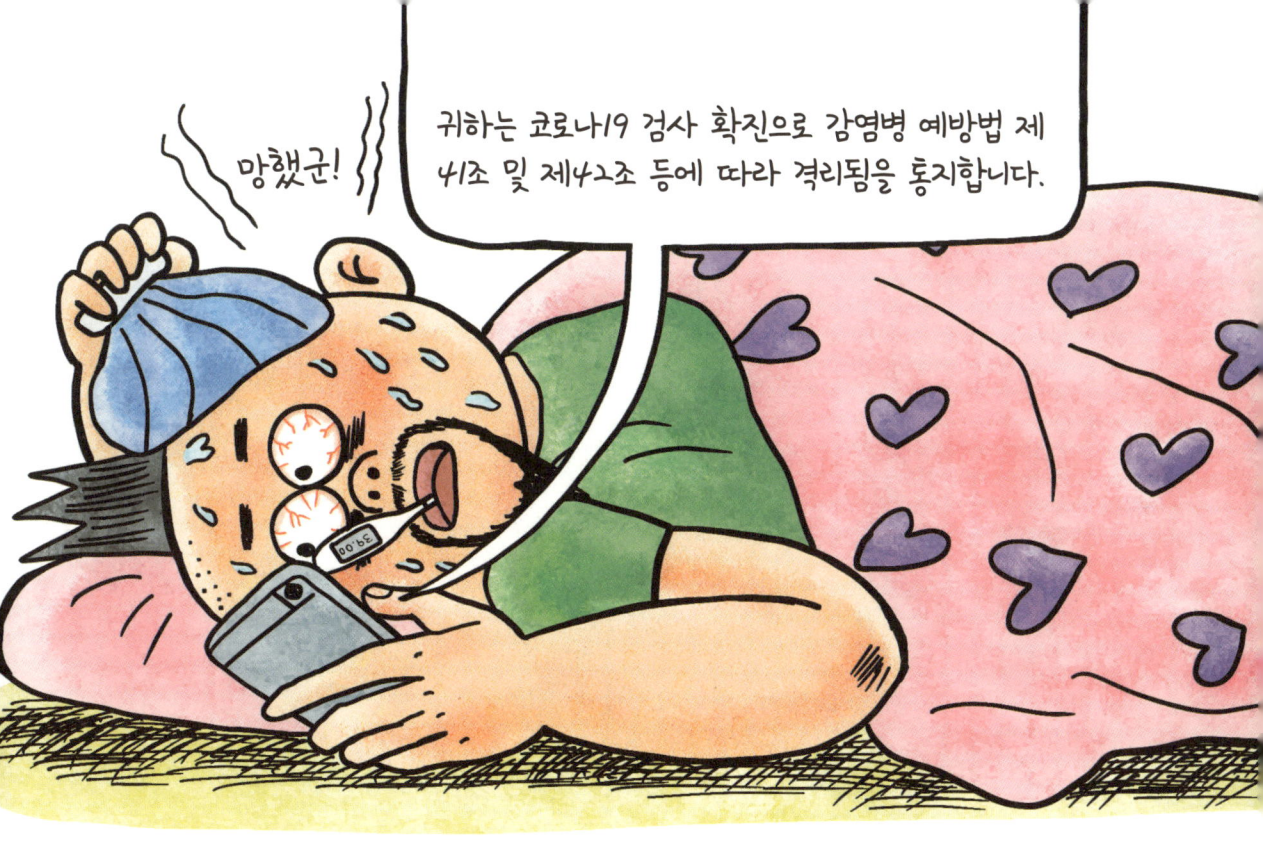

다. 하지만 움직이길 싫어하는 것과 집에 갇히는 건 정말 달랐다. 혼자 사는 제갈윤에게는 먹을 것을 사다 줄 사람이 없다. 코로나19에 걸린 걸 알고 약국에서 약을 사려고 했는데, 혹시라도 다른 사람에게 옮길까 봐 약국에도 안 갔다. 그런데 지금, 다정하고 영리한 황송하지가 전화로 이렇게 알려 줬다.

"약을 배달해 주는 약국도 있대요."

"참사랑약국이죠? 안녕하십니까? 저는 코로나19에 걸린 제갈윤이라고 합니다. 제가 약을 먹어야 하는데 약을 사러 갈 수가 없습니다. 어쩌면 좋을까요? 저, 꽤 아픕니다."

"어머, 그래서 약을 못 드시고 계세요? 저희 약국에선 원칙적으로 약을 배달하지 않아요. 하지만 팬데믹 상황엔 예외죠. 주소 알려 주시면 문손잡이에 약을 걸어 두겠습니다."

"세상에, 정말입니까? 감사합니다. 저희 집 주소는……."

40분 뒤, 제갈윤에게 필요한 약이 현관문 손잡이에 대롱대롱 걸려 있었다.

그런데 약을 받은 기쁨도 잠시, 약 봉투에 적힌 '식후 30분'이란 글자 때문에 우울해졌다. 난 아프니까 반드시 약을 먹어야 하는데, 약을 먹으려면 식사를 해야 한다. 약사가, 식사 후 30분이 지나고 약을 먹으라고 적었지 않나! 하지만 냉장고엔 먹을 게 별로 남아 있지 않다. 오성시에서 보내 준 긴급 구호 물품 음식은 이틀 만에 다 먹어 버렸다.

누구나 1주일에 2번 정도는 프라이드 치킨과 마늘 소스 치킨을 먹는 거 아닌가? 1주일에 1번은 족발과 수육 세트를 먹고, 또 1주일에 한두 번은 짜장1+짬뽕1+탕수육 세트를 먹지 않나!

후식으로 아이스크림 1통과 수박, 복숭아, 포도를 먹고 말이다. 제갈윤은 자신의 평범한 권리를 누리지 못하는 이 상황이 고통스러웠다. 지금 이 순간, 제갈윤은 음식 배달원이 가슴에 사무치게 필요했다.

약을 배달받고 보니, 어쩌면 음식 배달도 가능하지 않을까 하는 희망이 생겼다.

제갈윤은 싱크대 서랍에서 식당 전단지 뭉치를 꺼냈다.

"할머니족발이죠? 혹시 배달 가능한가요? 네, 저기 그런데 제가 코로나19에 걸렸는데, 배달 가능할까요?"

"봉투에 음식값 넣어서 문손잡이에 걸어 두세요. 저희 음식도 걸어 둘게요."

"네, 네. 그렇게만 해 주시면 그 은혜는 절대 안 잊겠습니다. 네, 족발 제일 큰 사이즈 1개랑 보쌈 중간 사이즈, 춘천막국수 보내 주십시오. 제가 배가 많이 고파서 그러는데, 조금만 서둘러 주십시오. 네, 넵."

제갈윤은 전화를 끊었다. 갑자기 배에서 꼬르르륵 꼬르르륵 하는 소리가 진동했다.

제갈윤은 음식값을 넣은 작은 쇼핑백을 현관문 손잡이에 걸어 두었다.

째깍 째깍. 벽시계 초침이 느리게만 돌아갔다.

떵동 떵동! 드디어 벨이 울렸다.

제갈윤은 현관문에 귀를 대고 바깥에서 나는 소리에 귀를 기울였다.

"빨리, 빨리, 빨리. 아, 됐다."

복도 엘리베이터에서 '1층, 내려갑니다'란 안내 소리가 들리자마자, 제갈윤은 현관문을 열었다.

배달원은 엘리베이터를 타고 내려갔고, 문손잡이에 음식이 가득 담긴 봉투가 매달려 있었다. 만져 보니 뜨끈뜨끈하다!

"배달원님은 이 시대의 산타이십니다!"

제갈윤은 감격에 겨워 외쳤다.

제갈윤은 식탁에 앉아 배달받은 음식을 먹었다. 서비스로 받은 계란찜과 탄산음료까지 남기지 않았다. 끄윽. 소화도 잘된 듯했다. 약국에서 배달해 준 약도 먹었다.

"맞아! 후식으로 과일 먹어야 하는데, 어쩌지?"

제갈윤은 살짝 고민에 빠졌다.

그사이 주룩주룩 내리던 비는 폭우로 바뀌었다. 바가지로 물을 퍼붓듯이 창유리에 빗물이 흘러내렸다. 그뿐이 아니다. 바람은 어찌나 센지 창문이 덜컹덜컹, 부르르 떨렸다.

제갈윤은 창유리에 두 손을 대고 그 사이로 밖을 내다봤다. 도로를 지나는 사람들이 바람에 뒤집힐 것 같은 우산을 꽉 잡고 천천히 걸었다. 빗물은 무릎 위까지 차올랐다.

"아이고, 순식간에 빗물이 차올랐네. 이런 날씨엔 배달은 포기해야지. 너무 위험해."

이런 날씨엔 누구도 배달을 해 줄 것 같지 않았다.

제갈윤은 소파에 누워 스마트폰으로 '세계에서 가장 맛있는 음식'을 검색했다. 집에만 있으니 먹는 것만 생각났다. 2개 남은 다크 초콜릿을 지금 먹으면 내일, 다크 초콜릿이 너무너무 먹고 싶어지겠지? 제갈윤은 고개를 세차게 저었다. 먹는 생각은 이제 그만 떨쳐야 한다. 난 빗속에 갇힌 코로나19 확진자니까.

날이 어둑어둑해지자 가로등이 켜졌다. 도로를 채운 빗물은 점점 높아졌다. 그때 오토바이를 탄 남자가 나타났다. 헤드셋

이 달린 헬멧을 쓰고, 목에는 땀이 흐르는 것을 막아 주는 수건을 맸다. 오토바이 배달원이다. 오토바이 앞 거치대에는 투명한 비닐봉지에 넣은 스마트폰이 2개 놓여 있다. 오토바이 짐칸에 배달통이 달렸다. 오토바이 바퀴는 물속에 잠겨 보이지 않았고, 배달원의 허벅지까지 빗물에 잠겼다. 배달원은 스마트폰의 시간을 확인하며 오토바이를 몰았고, 제갈윤의 시야에서 점점 멀어졌다.

"아니, 너무 위험하잖아!"

제갈윤이 소리쳤다. 기분이 나빠졌다.

사실 제갈윤은 조금 전에 전화로 여러 식품과 생활용품을 단골 가게에서 주문했다. 라면과 생수, 즉석밥도 몇 개 안 남았고, 수박도 먹고 싶었다. 상추와 깻잎에 삼겹살을 올리고 된장을 넣어 싸 먹고 싶기도 했다. 게다가 샴푸도 거의 다 썼다. 하지만 폭우가 잠잠해져야 배달할 거라 예상했다.

"비가 그치면 배달해 주세요. 급하게 필요한 건 아닙니다."

제갈윤은 주문하며 이렇게 말했다. 그런데 이렇게 폭우가 쏟아져서 길이 물에 잠겼는데도 배달을 독촉하는 사람이 있다니!

정말 남을 배려하지 않는 사람이다.

제갈윤이 오토바이를 보며 걱정하는 사이, 소형 트럭이 다가와 제갈윤이 사는 건물 앞에서 멈췄다.

트럭에서 내린 배달원은 비를 맞으며 짐칸으로 다가갔다. 배달원은 비닐로 덮은 종이 상자를 꺼냈고 제갈윤이 사는 건물로 다가왔다.

곧 띵동 띵동, 초인종이 울렸다.

제갈윤은 잠깐 기다렸다가 엘리베이터가 내려가는 소리를 듣고 현관문을 열었다. 비닐에 덮인 종이 상자가 문 옆에 놓여 있었다. 제갈윤은 당황했다. 남을 배려하지 않는 사람이 바로 나였잖아!

"여보세요? 신선마트죠? 아, 네! 제가 항의하고 싶어서 전화했습니다."

"아, 네. 어떤 일인가요? 저희가 어떤 불편을 드렸는지……."

"불편을 주신 게 아니라 너무 친절하신 게 문젭니다. 지금 이렇게 비가 쏟아지고 길이 물에 잠겼는데 배달을 보내면 어떻게

합니까? 배달하는 분들이 위험하지 않습니까?"

"아휴, 저희도 알죠. 하지만 집 밖으로 나오지 못하는 분들이 계시잖아요. 그분들도 밖에 못 나올 뿐이지 필요한 건 다 똑같아요. 음식도 필요하고 휴지, 비누, 쓰레기봉투, 아, 손 세정제랑 일회용 비닐을 찾는 분도 많아요. 아무튼 그분들한테 참으라고 할 수도 없잖아요. 배달 안 해 주면 화내는 분도 많고요. 어쩌겠어요, 저희가 배달해 드려야죠."

신선마트 직원이 설명했다.

"아!"

제갈윤은 말문이 막혔다.

"저희도 배달하는 분들께 천천히 배달해도 되니까 안전하게 배달하라고 얘기해요."

"아, 네. 제가 생각이 짧았습니다. 죄송합니다. 굳이 이런 날씨에 배달을 시킨 것도 죄송합니다."

제갈윤이 사과했다.

"아휴, 아니에요. 저희 배달 직원을 걱정해서 전화하신 거잖아요. 오히려 감사하죠."

제갈윤은 전화를 끊고 곰곰이 생각했다.

통신문사를 찾아왔던 환경미화원뿐 아니라 마트, 음식점, 택배 등의 배달원도 필수 노동자라는 생각이 들었다. 팬데믹이나 자연재해가 닥쳤을 때도 사회가 유지되도록 최선을 다하는 필수 노동자.

제갈윤은 책상 앞 의자에 앉아 노트북을 켰다.

'띵동, 산타가 왔어요!'

제갈윤은 기사 제목을 쓰고 잠깐 생각을 정리했다. 그리고 거침없이 기사를 써 내려갔다.

음식 배달원 이수용 씨를 만나 배달 노동자에 대해 알아보았어요.

제갈윤 : 제게 할머니족발 음식을 배달해 주셨는데요, 그곳 배달 직원입니까?

이수용 배달원 : 아뇨. 저는 여러 식당의 음식을 배달합니다. 오토바이로 배달을 해서인지, 저 같은 배달원을 '라이더'라고 부르던데요.

제갈윤 : 팬데믹과 락다운을 겪으면서 '배달업'이 가장 크게 성장한 직업이라고 하는데요. 사실입니까?

이수용 배달원 : 네. 스마트폰에서 몇 번만 클릭해서 주문하면 뭐든지 배달해 주니까요. 저 어렸을 때는 중국요리나 치킨, 피자만 주문했는데, 요즘엔 떡볶이, 햄버거, 책, 옷, 커피 하다못해 공책, 연필까지도 배달해요. 특히 코로나19가 처음 시작됐을 땐 마스크가 부족했고, 백신도 나오지 않았잖아요. 가게에 가기 부담스러울 때 음식이나 생활용품을 주문하면 원하는 장소로 배달해 주는 배달원이 꼭 필

요했죠. 만약 배달 노동자가 없었다면 코로나19 때문에 겪는 고통이 더 컸을 거예요.

제갈윤 : 팬데믹뿐 아니라 폭우, 폭설이 왔을 때도 배달을 해 주더라고요. 배달원으로 일하면서 힘든 점은 없습니까?

이수용 배달원 : 왜 없겠어요? 코로나19 팬데믹뿐 아니라, 춥고 덥고 비 오고 눈 올 때는 더 바빠지죠. 집 밖으로 나오기 힘드니 필요한 물품을 주문하는 손님이 더 많아지거든요. 겨울에 오토바이 타고 달리면 두들겨 맞은 것처럼 온몸이 아파요. 얼굴이나 발가락에 동상이 걸리기도 하고요. 여름엔 헬멧, 마스크를 쓰면 땀이 줄줄 흐르죠. 빙판길, 물에 잠긴 길을 달릴 때는 위험해요. 그래도 빨리 배달하려면 속도를 줄일 수 없어요.

제갈윤 : 빨리 달리면 그만큼 사고가 날 확률도 높아지겠죠? 사실 배달 오토바이는 도로의 무법자란 평을 들을 만큼 곡예 운전을 하고 교통 위반도 많이 하는 것 같아요.

이수용 배달원 : 네. 배달하다가 교통사고를 내는 경우가 많아요. 위험한 직업이죠. 그런데 배달원은 월급이 없어요. 자기가 배달한 만큼 돈을 벌어요. 늦게 배달했다가 음식값을 물어 내는 경우도 많고요. 잠깐만 망설여도 다른 배달원이 배달 주문을 채가기 때문에 '빨리 빨리' 달리게 되네요.

제갈윤 : 힘들고 위험한 일을 계속하는 이유가 있나요? 그리고 소비자에게 하고 싶은 말이 있으면 이번 기회에 해 보시죠.

이수용 배달원 : 배달이 제 직업이니까요. 보람도 있고요. 소비자가 편하고 안전하게 물건을 받는 게 저희들의 보람이죠. 저희가 없으면 굶는 분도 있을걸요. 소비자에게 원하는 건, 조금만 기다려 주셨으면 하는 거예요. 일부러 음식이나 물건을 늦게 배달하는 배달원은 없어요. 저희가 최선을 다해 배달하니까, 조금 늦더라도 이해해 주시면 좋겠습니다.

운반 로봇이 배달 노동자를 돕는다

　택배기사의 하루는 일찍 시작된다. 새벽 6시, 소비자에게 배달하기 전에 분류 작업을 하고, 300여 개의 택배 상자를 배달한다. 밤늦게까지 쉴 틈이 없다. 이런 상황이니 택배 노동자의 산재 사고 원인이 '과로'일 수밖에 없다. 그런데 대표적 배달 업체 한 곳이 AI 로봇을 이용해 큰 관심을 받고 있다. 이전에는 택배기사가 주문받은 물품을 찾아서 배송지에 따라 분류했다. 하지만 지금은 운반 로봇이 주문받은 물건을 찾아 택배기사에게 가져다주고, 배송지별로 분류도 한다. 택배기사는 무거운 물건을 들고 옮기는 작업을 줄이게 됐다. 로봇이 노동자의 일자리를 빼앗는 것이 아니냐는 우려도 있다. 하지만 회사는 로봇을 관리하는 직원을 새로 고용할 것이고, 기존 직원은 업무량을 줄일 수 있다고 말했다. 운반 로봇이 과로에 내몰린 배달 노동자를 도울 수 있을지 기대해 본다.

2023년 2월 대한생활신문

제갈윤의 취재자료

생산자가 만든 물품이 내 손에 들어오기까지의 과정을 '물류(물적 유통)'라고 한다. 물류에는 어떤 일이 있는지 정리해 보았다.

포장 : 생산자가 만든 제품을 운반할 때, 제품이 상하지 않도록 보호하기 위해 포장한다.

하역 : 제품을 배, 기차, 비행기, 차 등에 싣고 내리는 일, 옮기는 일, 창고에 넣고 꺼내는 일이다.

보관 : 창고에 쌓인 제품을 맡아서 간직한다.

수송·배달 : 제품을 배, 기차, 비행기, 차 등으로 실어 나른다.

제가 돌봐 드릴게요, 돌봄 노동자

"아~ 어르신, 엉덩이를 살짝 들어 주세용."

호리병이 침대에 누운 김난희 할머니의 바지를 내리며 말했다.

"기저귀 금방 갈아 드릴게용. 몸을 옆으로 살짝만, 아우, 우리 어르신 잘한다, 잘한당."

호리병이 축축한 기저귀를 빼내고 새 기저귀를 채워 드렸다.

"내아 애기냐, 기저귀 자알 찬다고 치차하게?(내가 아기냐, 기저귀 잘 찬다고 칭찬하게?)"

김난희 할머니가 갑자기 왼손으로 호리병의 가슴을 밀쳤다.

마비된 오른쪽 입꼬리에서 침이 흘렀고 눈엔 분노가 번쩍였다.

아악! 호리병은 짧은 비명을 지르고 뒤로 비틀거렸다. 그러다 기저귀 손수레에 부딪혔다. 손수레가 넘어지며 기저귀와 물수건, 연고, 물과 발효액이 담긴 스프레이 등이 바닥으로 쏟아졌다. 이게 무슨 일이지? 칭찬이나 감사의 인사까지는 안 바라도 이런 봉변을 당할 줄은 몰랐다.

김난희 할머니는 왼쪽 뇌의 혈관이 막힌 뇌졸중 환자다. 왼쪽 뇌가 담당하는 몸의 오른쪽이 마비되었다. 그래서 발음이 정확하지 않고 혼자 움직일 수 없다.

"어르신, 우리 호 선생이 조금 서툴러요. 화 푸세요. 호 선생, '잘못했습니다' 하고 사과드리세요."

정은숙 요양 보호사가 다른 어르신의 기저귀를 갈아 주다가 달려왔다.

"제가 뭘 잘못했죠? 김난희 어르신이 오줌을 쌌고, 그래서 새 기저귀로 갈아 드렸어요. 스스로 엉덩이를 들고 몸을 옆으로 돌려 주시기에 칭찬했을 뿐이고요."

501호 병실에서 나오자마자 호리병이 정은숙에게 따졌다. 호리병 얼굴이 빨개졌다. 잘못을 한 건 할머니인데 자기편은 못 들어줄 망정, 할머니에게 사과까지 하라니.

"김난희 어르신은 이틀 전에 오셔서 아직 요양원 생활이 익숙하지 않으세요. 그러니 우리가 이해해야죠."

정은숙은 너무나 태연했다.

호리병은 요양원에서 요양 보호사를 체험하고 있다.

요양원 문엔 '모든 어르신은 보살핌을 받을 권리가 있다.'고 적혀 있다. 호리병 역시 요양원에 계신 어르신들을 부모님, 할머니, 할아버지처럼 여기며 최선을 다해 돌볼 생각이다. 그래서 태어나서 처음으로, 똥오줌이 묻은 기저귀를 갈고 엉덩이를 닦아 드리고 옷을 갈아입혀 드렸다.

"이곳 어르신들은 맘대로 나갈 수 없어요. 어쩌면 돌아가실 때까지요. 그래서 두려워하고 절망하는 거예요. 그걸 화로, 욕으로 표현하는 분도 계시고요."

정은숙의 말을 듣고 호리병은 부끄러웠다. 어르신들을 도울 생각만 했지 그분들의 상황엔 관심이 없었다.

땡동 땡동 땡동. 호출 벨이 울렸다. 간호스테이션 앞 전광판에 '504'가 찍혔다. 정은숙이 504호로 달려갔다. 호리병은 정은숙을 멀뚱히 보고 섰다가 502호 병실로 들어갔다. 기저귀 돌봄이 끝나고, 호리병은 세수 수건으로 어르신들을 닦아 드리고 이동 변기통도 씻었다.

이제 오전 7시, 호리병이 식판에 아침 식사와 약을 챙겨 식사 손수레를 밀고 501호로 들어갔다. 혼자 식사를 드실 수 있는 어르신에게 먼저 식판을 드렸다.

유난히 몸이 작고 마른 박남예 할머니는 음식을 삼키기 힘들어한다. 그래서 음식을 먹는 것도 싫어했다.

으음, 으음. 박남예 할머니가 입을 꼭 다물고 고개를 저었다.

"조금만 드세요. 당근이랑 파 넣고, 고소한 참기름도 넣었어요. 자, 아……."

호리병이 '아' 하고 입을 벌린 채로, 할머니 입으로 계란찜을 올린 숟가락을 가져갔다.

하지만 할머니는 눈과 입을 꼭 감은 채 버텼다.

'악' 갑자기 호리병이 소리를 질렀다. 박남예 할머니가 놀라

입을 벌렸다. 그 순간을 놓치지 않고 호리병이 숟가락을 입에 밀어 넣었다.

'됐다! 아, 앗!'

호리병의 얼굴에 떠오른 성공의 미소가 금방 당황한 표정으로 바뀌었다.

"어르신, 이빨 빠져요. 왜 숟가락을 물고 안 놓으세요. '아' 하고 입 좀 벌려 보세요."

하지만 박남예 할머니는 자글자글 주름이 잡히도록 입술에 힘을 꽉 주어 숟가락을 물었다.

"알았어요, 어르신. 그럼 나중에 드세요. 밥 치울게요. 진짜예요."

호리병 말에 박남예 할머니가 눈을 뜨고 호리병 표정을 살폈다. 그러다 입을 살짝 벌렸다. 입의 양 끝으로 침과 섞인 계란찜 국물이 흘러 식사용 턱받이에 떨어졌다. 호리병이 입에서 숟가락을 빼자, 할머니가 '어어어어 어어어 으' 하고 소리를 냈다. 호리병을 골려 줘서 기분이 좋으신 것 같았다.

휴~! 복도로 나오자, 한숨이 절로 나왔다. 이제 겨우 어르신들이 아침 식사를 했을 뿐인데 벌써 지쳤다. 오늘 하루는 호리병 일생 중에 가장 긴 하루일 게 분명했다. 하지만 다른 요양 보호사들과 함께 아침을 먹고 나니 불끈 힘이 솟았다. 역시 먹는 게 힘이다!

창밖을 보며 따듯한 커피를 한잔 마셨다. 사흘째 비가 내리고 길엔 사람이 보이지 않았다.

땡동 땡동 땡동. 호출 벨이 울렸다. 전광판을 보니 501호다. 호리병은 501호로 달려갔다.

"셔언생님, 나 조 도와줘요.(선생님, 나 좀 도와줘요.)"

김난희 할머니가 호리병을 보자 입술을 달싹였다. 뭔가 급하게 도움이 필요한 것 같았다.

흡. 호리병은 두 눈에 힘을 꽉 주고 할머니에게 다가갔다. 아무리 매서운 욕을 들어도 절대 동요하지 말자 마음을 다잡았다. 그런데 할머니 둥근 얼굴이 하얗게 질리고 식은땀이 흘렀다.

"아이고, 나 주겠어요. 비가 너무 아파. 119 부여, 다장. 아이고, 아이고 나 주네여.(아이고, 나 죽겠어요. 배가 너무 아파. 119

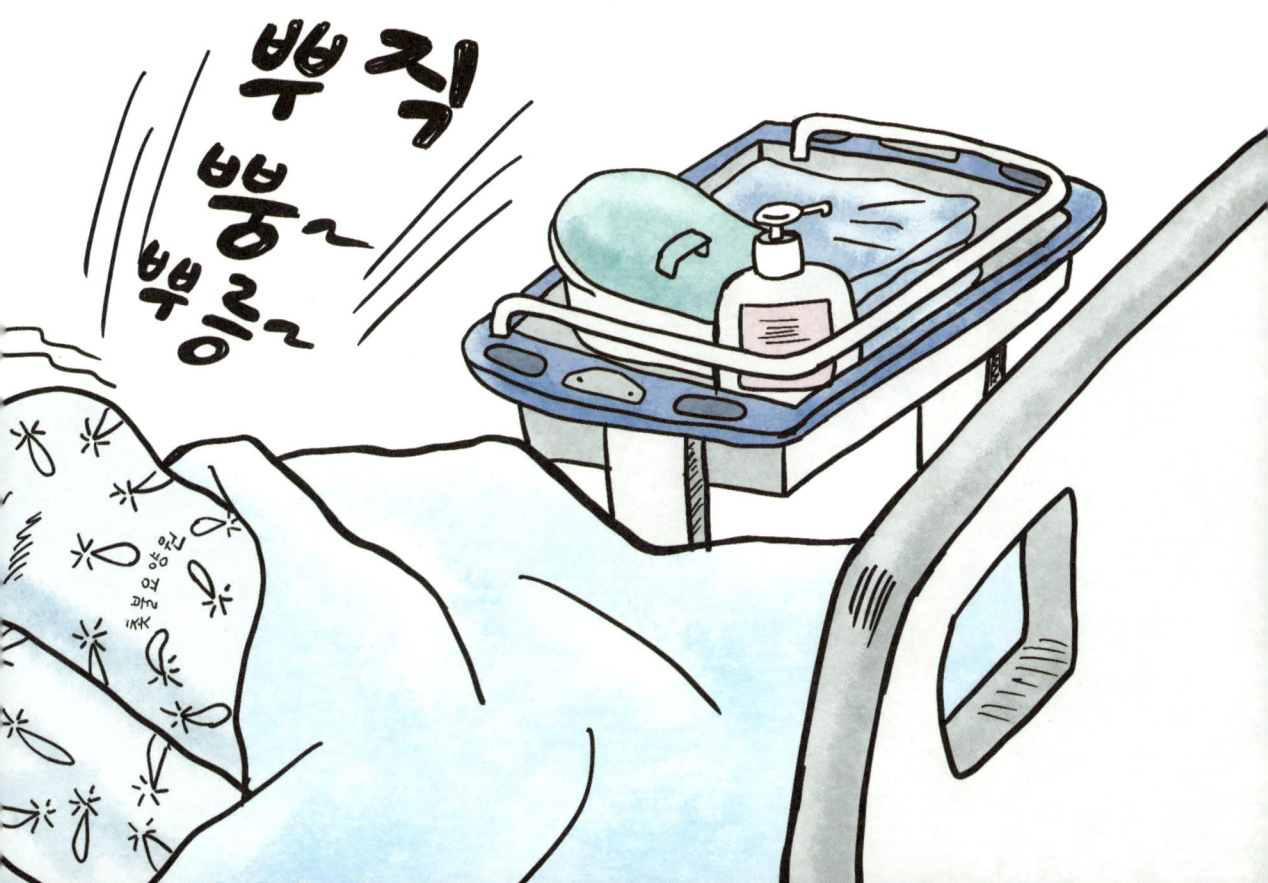

불러, 당장. 아이고, 아이고 나 죽네요.)"

할머니는 욕은커녕 존댓말로 호리병에게 사정했다.

"아까 대변을 안 누셨잖아요. 제가 배를 살살 만져 드릴게요."

호리병이 할머니 배를 손으로 둥글게 문질렀다.

"아이, 나 주네. 아휴, 우리 따한테 저화 조 해져여.(아이, 나 죽네. 아휴, 우리 딸한테 전화 좀 해 줘요.)"

할머니가 사정했다.

"네, 어르신. 대변 누시고 나서 따님께 전화해 드릴게요."

욕을 퍼붓던 할머니가 아파서 어쩔 줄 몰라 하며 사정하자, 호리병은 할머니가 안쓰러웠다.

뿌우웅 뿌웅. 방귀 소리와 동시에 푸지직 하는 소리가 났다. 하얗게 질렸던 할머니 얼굴에 혈색이 돌아왔다.

호리병은 할머니의 얼굴이 편안해지자 기분이 좋았다. 자기가 할머니의 통증을 없애 준 것 같아 기뻤다. 호리병은 기저귀 손수레를 끌고 와서 할머니의 기저귀를 갈아 드렸다.

"이제 좀 편해지셨어요? 아직도 배 아프세요?"

호리병이 빙긋 웃으며 할머니에게 물었다. 그러다 얼른 웃음을 지웠다. '어린애처럼 기저귀에 변을 보는데, 편하겠냐?'라고 욕을 들을지도 모르니까.

"우리 따한테 저나해 주대잖아요.(우리 딸한테 전화해 준댔잖아요.)"

할머니가 말했다.

호리병은 약속대로 할머니의 딸에게 전화했다.

"우리 애기들 다 보고 시프다. 그애도 나 자 이써니까 거쩡 마.(우리 아기들 다 보고 싶다. 그래도 나 잘 있으니까 걱정 마.)"

김난희 할머니가 딸에게 말하고, 호리병에게 전화기를 건넸다. 호리병이 전화를 대신 끊었다.

슬쩍 보니 할머니 눈에 눈물이 맺혔다.

"어르신, 목욕시켜 드릴까요?"

호리병은 정은숙과 다른 요양 보호사 2명의 도움을 받아서 김난희 할머니를 휠체어에 태워 샤워실로 모셨다.

정은숙이 자기 발에 물을 뿌려 온도를 맞췄다. 김이 솔솔 오르는 따듯한 물로 할머니의 발부터 적셨다. 머리를 감기고 몸을 씻겼다. 할머니의 입이 살짝 삐죽거렸다.

"우리 어르신 웃으시니까 정말 고우시다. 그쵸, 호 선생님?"

정은숙이 할머니에게 깨끗한 옷을 입히며 호리병에게 물었다.

"아~, 예전엔 인기 많으셨겠어용. 지금도 고우시지만."

호리병이 맞장구쳤다.

"시끄러따. 주머니에서 사타이나 꺼내라.(시끄럽다. 주머니에서 사탕이나 꺼내라.)"

할머니 말에 호리병이 윗도리 주머니에 손을 집어넣었다. 녹아서 끈적거리는 호박 맛 사탕이 나왔다.

"나 이빠 아프니까 다 처머어라.(나 이빨 아프니까 다 처먹어라.)"

할머니가 두 사람을 안 보는 척하며 말했다.

"저요, 체험 활동 끝나도 어르신 보러 올 거 같아용."

"도라구나. 미쳐나 보네.(돌았구나. 미쳤나 보네.)"

말은 퉁명스러웠지만, 할머니의 마비되지 않은 얼굴은 환해졌다.

호리병은 끈적거리는 포장지를 벗겨 호박 맛 사탕을 입에 넣었다. 흥흥흥흥. 콧노래가 나왔다.

"호 기자님도 우리 어르신들 매력에 푹 빠졌나 보네요."

정은숙도 사탕을 입에 넣으며 웃었다.

"아~ 네. 호홍홍홍."

호리병은 어깨, 허리, 목이 아프고 다리도 퉁퉁 부었다. 하지만 일하고 자식을 키우는 사이, 스스로를 돌보기 힘들게 된 노인을 누군가는 돌봐야 한다. 호리병의 부모님도, 호리병 자신도 누군가의 돌봄이 필요할 때가 올 테니까.

'요양 보호사는 진짜 진짜 꼭 필요한 노동자야. 필수 노동자 맞아!'

501호로 돌아온 호리병은 김난희 할머니의 손가락, 발가락 사이까지 꼼꼼하게 로션을 발랐다. 그리고 할머니 입꼬리 옆에 맺힌 침을 손바닥으로 스윽 닦으며 미소 지었다.

정은숙 요양 보호사를 만나 돌봄 노동자에 대해 알아보았어요.

호리병 : 요양 보호사를 '돌봄 노동자'라고 하는데요, 요양 보호사가 하는 일이 '돌봄'이란 건가요?

정은숙 요양 보호사 : 부모님은 자녀를 돌보고 선생님은 학생을 돌보고 의료인은 환자를 돌보죠. 무엇보다 우리는 스스로를 돌봐요. 밥을 먹고 일하고 운동하고 씻고 가족과 친구를 만나고 다양한 놀이를 스스로 할 수 있죠. 그런데 스스로를 돌보기 힘든 사람이 있어요. 나이가 많거나 치매나 심각한 병에 걸려 혼자 힘으로 생활하기 힘든 분들이죠. 요양 보호사는 그분들에게 필요한 도움을 드립니다.

호리병 : 요양원에 오는 걸 싫어하는 분도 있죠? 김난희 할머니는 집에 가고 싶다고 하시더라고요.

정은숙 요양 보호사 : 대부분의 노인이 집에서 가족과 함께 생활하고 싶어 하시죠. 하지만 요양원에 오시는 어르신 중에 가족과 함께 사는 분은 많지 않아요. 가족이 있어도 직장, 학교에 가고 다 바쁘죠. 혼자 생활할 수 없는 사람을 돌보는 건 힘들어요. 가족 중에 한 명만 아파도 온 가족이 그 한 명을 돌보느라 지치죠. '긴 병에 효자 없다.'는 말이 현실이에요. 그래서 복지 국가에선 노인을 돌보는 책임을 가족에게만 지게 하지 않고 사회와 국가가 함께 책임을 져요. 우리나라도 '노인 장기 요양 보험 제도'가 있어요.

호리병 : '노인 장기 요양 보험 제도'는 어떤 제도인가요?

정은숙 요양 보호사 : 국민의 삶의 질을 높이는 복지 제도예요. 고령이나 노인성 질병 때문에 혼자 일상생활을 하기 어려운 어르신[3] 등에게 신체 활동, 가사 활동을 지원하죠. 요양원에 모시거나, 집으로 요양 보호사가 가서 돌보는 거예요. 돌봄을 받는 어르신도 건강을 유지하며 일상생활을 할 수 있고, 가족도 어르신을 돌보는 부담을 줄일 수 있죠.

호리병 : 저는 기자라서 취재하고 기사 쓰고 그 대가로 월급을 받죠. 대부분의 노동자가 저와 비슷할 거예요. 그런데 요양 보호사는 조금 다른 것 같아요. 요양 보호사란 직업의 특징이 뭘까요?

정은숙 요양 보호사 : 사실 누군가를 돌보는 건 힘든 일이에요. 어른들에게 옷을 갈아입히고 목욕을 시키는 게 힘들어요. 대소변을 치우

---

[3] 65세 이상의 노인이거나 65세보다 적지만 치매·뇌혈관성 질환 등 노인성 질병을 가진 분 중에서 6개월 이상 혼자 일상생활을 하기 어려운 경우

는 것도 즐겁진 않고요. 욕하고 폭력을 쓰는 분도 있어요. 치매의 증상 중에 '폭력성'도 있거든요. 하지만 요양 보호사가 없다면 그분들은 어떻게 될까요? 또한 돌봄은 누구에게나 필요해요. 저 역시 제가 돌보는 어르신들처럼 혼자 움직이기 힘들 수 있고 언제라도 장애가 생겨서, 누군가의 돌봄이 필요한 때가 올 수 있거든요. 요양 보호사를 포함해서, 모든 돌봄 노동자는 약한 사람이 살 수 있도록 보살피는 사람이라고 생각해요. 돌봄 노동자를 더불어 사는 사회를 만드는 노동자라고 하면 너무 거창한 표현일까요?

호리병의 참고 뉴스

오성시 희망복지 기동서비스, 이동 목욕 서비스 인기

 오성시가 찾아가는 희망복지 기동서비스를 실시했다. 희망복지 기동서비스는 직접 마을을 찾아가 주민에게 다양한 복지 서비스를 제공하는 오성시의 복지 정책이다. 농기계 수리, 한방 및 양방 진료, 전기 안전 점검, 이동 빨래방, 이동 목욕, 안마, 칼갈이, 안경 수리, 방역 소독, 생활 불편 해결 등의 서비스를 제공한다. 특히 중심지에서 멀리 떨어진 마을의 나이 많은 어르신들에게서 이동 목욕 서비스가 큰 인기를 얻었다. 고령의 주민일수록 중심지에 있는 목욕탕을 이용하기가 쉽지 않기 때문이다. 이동 목욕 서비스는 목욕 차량에서 봉사자 3명이 안전에 주의하면서 편안한 목욕 서비스를 제공한다.

2023년 4월 대한생활신문

호리병의 취재자료

스스로의 힘으로 일상생활을 하기 어려운 사람이 있다. 노인, 어린이, 장애인, 임산부 등이다. 돌봄 노동자는 그들이 건강을 유지하며 일상생활을 할 수 있도록 돌본다. 돌봄 노동자는 어떤 일을 하는지 정리해 보았다.

요양 보호사 : 요양 시설이나 집으로 방문해서 혼자 생활하기 어려운 노인을 돕고, 청소나 세탁을 하고, 음식을 만들며, 씻기, 음식과 약 먹기, 배설하기 등을 돕는다.

사회 복지사 : 빈곤, 교육, 취업과 건강 문제 등 도움이 필요한 사람을 찾아 돕는다.

생활 지원사 : 혼자 생활하기 힘든 사람의 집에 방문해서 다양한 도움을 드리고 건강 상태를 확인한다. 말벗이 되기도 한다.

산모·신생아 건강 관리사 : 출산한 산모가 건강을 회복할 수 있도록 돕는다.

필수 노동자를 만나다

황송하지 기자가 만났다, 초등 돌봄 전담사

황송하지 : 달맞이 지역 아동 센터의 초등 돌봄 전담사님을 만났습니다. 전담사님, 지역 아동 센터는 어떤 곳인가요?

초등 돌봄 전담사 : 지역 아동 센터는 지역 사회 아동의 보호와 교육, 건전한 놀이와 오락 제공, 보호자와 지역 사회의 연계 등 아동의 건전 육성을 위해 종합적인 아동 복지 서비스를 제공하는 시설이에요.

황송하지 : 와, 아동을 위해 다양한 활동을 하는 곳이네요. 그럼 초등 돌봄 전담사는 어떤 일을 하나요?

초등 돌봄 전담사: 방과 후와 방학 기간에 돌봄이 필요한 초등학생들을 돌봐요. 혼자 있다가 사고를 당할 위험도 있고, 혼자 있는 게 무서울 수도 있거든요. 아직 보호자가 필요한 어린 학생들이니까요.

황송하지: 맞아요. 저 혼자 있을 때, 집에 가다 자전거랑 부딪힌 적 있거든요. 근데 아픈 것보다 혼자여서 더 무섭더라고요. 그런데 전담사님, 방학 때도 아동 센터를 연다고요?

초등 돌봄 전담사: 네. 우리 지역 아동 센터는 1년 내내 문을 열어요. 코로나19 때문에 휴교한 적 있죠? 그때도 초등 돌봄 전담사는 아이들을 돌보고 점심과 저녁을 먹이고, 보호자가 퇴근할 때까지 아이들을 안전하게 돌봤답니다.

황송하지: 방학이 없으면 너무 힘들 거 같아요.

초등 돌봄 전담사: 호호호. 그렇죠? 그래서 돌봄 교사를 필수 노동자라고 하나 봐요. 우리가 쉬면, 아이들을 돌봐줄 사람이 없잖아요.

황송하지: 맞아요. 집에 돌봐줄 어른이나 형제가 없는 어린이들이 많아요.

초등 돌봄 전담사 : 그렇죠. 그래서 우리 초등 돌봄 전담사는 아이들이 이곳에서 집처럼 지내도록 노력해요.

황송하지 : 초등 돌봄 교실에선 어떻게 지내는데요?

초등 돌봄 전담사 : 우리 황송하지 기자님이 다양하고 재밌는 안전한 돌봄을 직접 체험해 보면 어떨까요?

황송하지 : 와, 좋아요! 당장 간식 시간부터 체험해 볼게요.

초등 돌봄 전담사는 어떤 일을 할까요?

황송하지 기자가 만났다, 의료인

황송하지 : 간호사님은 코로나 선별 진료소에서 일하셨죠? 제 코에 면봉을 쑤욱 넣으셨던 일이 기억나요.

간호사 : 안녕하세요? 호호호. 그때 면봉 때문에 놀랐죠?

황송하지 : 눈물이 찍 나왔었어요. 그런데 그때 보니 의료진들이 너무 힘들 거 같았어요. 엄청 더웠는데 방호복, 마스크, 장갑까지 착용했잖아요.

간호사 : 맞아요. 더위가 가장 힘들었어요. 레벨D 방호복을 입고 마스크를 쓰면 숨쉬기 힘들어요. 10분 만에 온몸이 땀범벅이 되죠. 보호 안경까지 쓰니까 안경에 김이 서려서 잘 안 보이고요. 땀이 찬 장갑을 오래 끼고 있었더니 손가락 껍질도 벗겨졌어요.

황송하지 : 더위와 숨쉬기 말고 또 어떤 것이 힘들었어요?

간호사 : 코로나 전담 의료진은 코로나19 바이러스와 가장 가까이 있는 사람이에요. 감염될까 봐 늘 걱정이었죠. 우리 건강도 걱정이지만, 우리가 감염되어 격리되면, 환자를 돌볼 수 없으니까요.

황송하지: 진짜 그렇겠네요. 간호사님, 혹시 가장 기억나는 에피소드가 있으면 소개해 주세요.

간호사: 선별 진료소 근무를 마치고 원래 근무했던 외과 병원에서 근무할 때였어요. 코로나에 걸린 할머니 손가락이 잘렸어요. 당장 수술하지 않았다면 손가락을 잃었을 거예요. 사실 저희 병원 의료진은 고민했어요. 코로나19에 감염될 수도, 다른 환자들에게 전염될 수도 있으니까요. 하지만 저흰 그분을 수술했어요.

황송하지: 와! 정말 대단하세요. 그런데 의료인은 언제 쉬나요? '24시간 응급실'은 쉬지 않잖아요.

간호사: 호호호. 저희도 노동법에 맞춰 근무 시간과 휴일이 있답니다. 하지만 의료진은 매일 24시간 환자를 돌봐요. 토요일, 일요일이라고 환자가 없는 건 아니니까요. 그래서 응급실이 있고요. 저희 병원 간호사는 3팀이 8시간씩 일하면서 24시간 내내 환자를 돌봐요.

황송하지: 아, 그래서 의사, 간호사, 간호조무사 등을 필수 노동자라고 하는군요. 내가 놀고 쉬고 잘 때도, 의료인들은 아픈 사

람을 돌본다는 건 몰랐어요. 의료인은 진짜 힘든 직업이네요.

간호사 : 힘든 만큼 보람도 커요. 사람의 생명을 살리는 것은 아무나 할 수 있는 일이 아니니까요. 무엇보다 큰 보람이죠.

황송하지 : 우리의 생명을 살리는 필수 노동자, 의료인이 있어서 든든해요. 감사합니다.

의료인[4]은 어떤 일을 할까요?

---

[4] 병을 진찰하고 치료하는 사람이에요. 보건복지부장관의 면허를 받은 의사, 치과의사, 한의사, 조산사 및 간호사를 말해요.

황송하지 기자가 만났다, 활동 지원사

황송하지 : 율동공원에서 장애인 아저씨랑 산책하시잖아요. 근데 산책도 활동 지원사의 역할인가요?

활동 지원사 : 혼자 활동하기 어려운 장애인이 있어요. 하지만 그들도 사회구성원으로 독립해서 살아야 하죠. 활동 지원사는 장애인이 독립적으로 활동할 수 있도록 돕습니다.

황송하지 : 몇 달 전에요, 공원에서 그 장애인 아저씨가 막 소리를 질렀잖아요.

활동 지원사 : 아, 다른 분의 반려견을 만지고 싶어 해서 제가 말렸거든요. 그래서 화가 난 거예요.

황송하지 : 그때 좀 놀라고 무서웠어요. 장애인을 돌보는 건 어려운 거 같았고요. 활동 지원사로 일하는 게 힘들지 않나요?

활동 지원사 : 내가 돌보는 장애인은 지적 장애가 있어요. 공중도덕이나 예의범절을 잘 이해하지 못해요. 말로 설명하고 이해시키기 힘들 때가 많죠. 오랫동안 함께 했지만 감정을 공유하기도 쉽지 않고요. 그래서 지칠 때도 있고 내가 장애인에게 별 도움이 못되는 것 같아서 속상할 때도 있어요. 그럴 때는 '장애

는 불편함일 뿐'이라는 말을 떠올려요. 장애인을 비장애인과 차별하지 말자는 의미인데, 나는 다르게도 생각하죠. 매 순간 겪어야 하는 불편함은 내 생활에 큰 영향을 주지 않나요? 안경만 없어도 버스 번호나 칠판의 글씨가 안 보이고, 계단을 내려가기 두려워지잖아요. 지적 장애인도 마찬가지일 거예요. 다른 사람의 말을 이해하기 어렵고, 상대방이 자기 말을 알아듣지 못하니 답답하겠죠.

황송하지: 사람과 말이 잘 안 통하고, 자기 마음대로 활동할 수 없으면 답답하고 짜증 날 거 같긴 해요.

활동 지원사: 그래요. 그래서 활동 지원사가 장애인이 겪는 불편함을 줄여 주면, 장애인의 생활이 바뀌죠. 내가 돌보는 장애인은 혼자 외출할 수 없어서 직업을 가지기 어려웠어요. 지금은 나와 같이 출퇴근해요. 외식도 하고 미술 학원에서 그림도 배우고요.

황송하지: 활동 지원사로 일하면서 특별히 기억나는 일이 있나요?

활동 지원사: 처음 돌본 장애인과 있었던 일이에요. 어느 날 그

분이 내 앞에 사과 두 개를 슬쩍 놓고 가더라고요. 사과를 왜 주냐고 물었더니, 미안해서 사과하려고 사과를 주는 거래요. 많이 미안해서 두 개 준대요. 그래서 누가 그런 걸 알려 줬냐고 물었더니, 직장 동료가 알려 줬다는 거예요. 그러면서 고개를 꾸벅 숙이며 '소리 질러서 미안합니다.'라고 말하더군요. 제가 마음 상한 걸 알아채고, 자기 행동을 되돌아보고, 직장 동료에게 상의까지 한 거죠.

황송하지 : 다른 사람의 생활을 바꾸는 일은 보람 있을 거 같아요. 그래서 활동 지원사가 되신 거예요?

활동 지원사 : 우리나라 인구 100명 중에 5명 정도는 장애인이에요. 하지만 길에서 만나는 100명 중 장애인은 거의 없죠. 장애인이 집 밖으로 나올 수 없으니까요. 저는 그분들을 집 밖으로 나오게 하고 싶었어요.

황송하지 : 멋져요. 활동 지원사의 도움을 받아서 장애인이 사회 구성원으로 독립해서 살 수 있길 바랄게요.

활동 지원사는 어떤 일을 할까요?

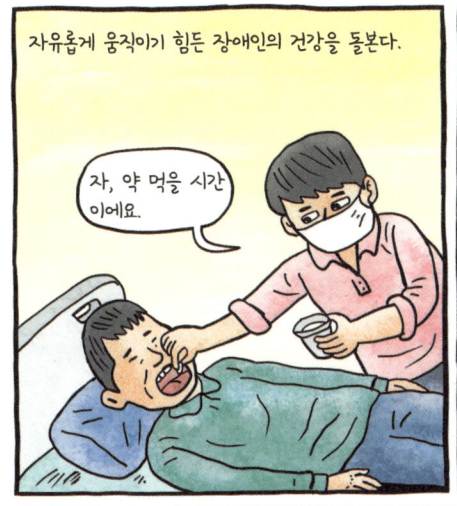
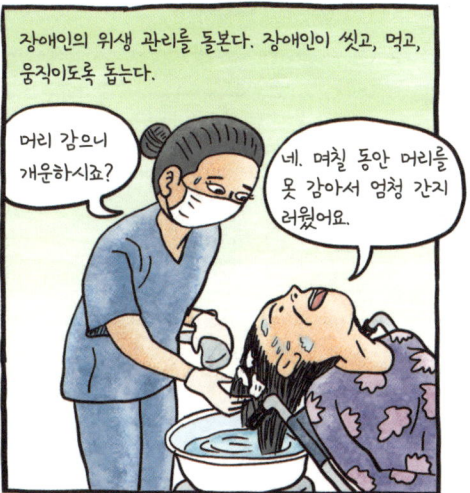

통🛢신문 NEWS

통신문 제287호 7월 3째 주

80년 만의 폭우로 물에 잠긴 도로에서 한 환경미화원이 배수구를 막은 쓰레기를 치우고 있다.

재난 속, 필수 노동자가 우리의 생활과 안전을 지키고 있었다

코로나19 때문에 사회적 거리 두기를 해야 했을 때, 락다운 때문에 집 밖으로 나올 수 없었을 때도 출근해서 일해야 했던 노동자들이 있다. 이들을 필수 노동자라고 부른다.

필수 노동자는 말 그대로 사회가 돌아가기 위해 꼭 필요한 일을 하는 노동자를 말한다. 화재나 각종 사고를 당했을 때 출동해서 시민을

130

지키고 보호하는 119안전센터 소방·구조·구급대원, 대중교통 운전기사, 전화와 인터넷으로 주문하면 집으로 배달해 주는 배달·운송 노동자, 환자를 치료하고 돌보는 의료인, 장애인과 노약자를 돌보는 돌봄 종사자, 거리를 청소하고 각종 쓰레기를 처리하는 환경미화원 등이 필수 노동자다.

사실 필수 노동자는 언제나 우리 곁에 있었다. 하지만 우리에게 꼭 필요한 '필수 노동자'였기에 그들의 역할과 고마움을 오히려 모르고 지냈다. 코로나19 팬데믹 때문에 사회가 멈추어 서자, 비로소 필수 노동자의 중요성을 깨닫게 된 것이다. 우리 오성시뿐 아니라 전 세계 여러 나라, 도시에서 필수 노동자의 역할이 눈에 띄기 시작했다.

필수 노동자의 역할이 팬데믹 상황에서만 빛을 발한 건 아니다. 얼마 전 우리나라에는 80년 만의 폭우가 쏟아졌고 홍수로 물에 잠기는 지역도 많았다. 사망자와 부상자, 실종자가 생겼고 자동차와 집, 상점 등이 물에 잠겨 재산 피해도 컸다. 필수 노동자는 '필수' 노동자답게 자연 재난 속에서도 역할을 다했다.

11년째 환경미화원으로 일하는 김찬식 씨는 자신들을 '있어도 없는 사람, 투명인간'이라고 표현했다. 필수 노동자가 자신의 역할을 충실히 하면 할수록 우리는 그들의 존재를 눈치채지 못하는 것이다. 환경미화원이 없다면 쓰레기가 쌓인 집을 나와 쓰레기와 악취로 가득한 거리를 걸어야 할 것이다. 그제야 '환경미화원이 없으니 온 마을이 쓰레기장으로 변했네.'라며 환경미화원의 중요성을 깨닫게 될 것이다.

팬데믹이라는 불행한 경험으로 필수 노동자의 중요성이 드러났다. 동시에 그들의 역할에 비해 대우가 낮다는 사실도 알게 되었다. 이에 정부와 지자체는 필수 노동자를 보호하고 지원하는 정책을 내놓고 있다.

통신문 기자들은 각종 필수 노동을 직접 체험하거나 필수 노동자를 인터뷰했다. 환경미화원, 119소방대원, 의료인, 시내버스 운전 기사, 요양원 요양 보호사, 배달 노동자, 각종 돌봄 종사자. 모든 사회 구성원들이 필수 노동자의 역할을 인정하고 존중하는 계기가 되길 바란다.

도와줘요, 119

 띠리리리리리링 띠리리리리리링. 119안전센터에 요란한 경보기가 울렸다. 일주일 동안 강도 높은 소방 훈련을 마친 본 기자(한별님)는 다른 소방대원들과 함께 화재 현장으로 출동했다.

 오성시에서 가장 큰 대형 쇼핑몰이 불길에 휩싸여 검은 연기를 뿜어냈다.

 화재 신고를 받은 지 5분 만에, 32대의 소방차와 128명의 소방대원이 화재 현장에 도착했다. 소방대원들은 지휘대장의 지휘에 따라 신속하게 건물 밖에서 큰불을 껐다. 이제 잔불을 끄고 건물에 갇힌 사람들을 구조해야 한다. 진압 소방대원들은 건물 안으로 들어갔다. 전기가 나가 어두운 건물 안은 짙은 회색 연기가 앞을 가렸고 바닥에는 물이 질퍽했다. 군데군데 작은 불이 일렁거렸다.

 화재 현장은 영상이나 사진으로 많이 봐서 익숙했다. 그런데 쇠마저 녹이는 불과 독성 물질을 뿜어내는 연기 속으로 들어가자, 기자는 공포에 휩싸였다. 하지만 소방대원들은 침착하고 신속하게 지하부터 한 층씩 불을 진압하며 구조할 사람을 찾았다. 구조할 사람을 찾으면 구조대와 구급대가 달려와 응급처치를 한 뒤에 병원으로 옮겼다.

 그날 소방대원은 무사히 화재를 진압했고 5명을 구조했다. 기자의 실수 때문에 최동일 소방대원이 부상을 입었다.

 화재 진압을 마치고 119안전센터로 돌아온 지 얼마 되지 않아 다시 경보기가 울렸다. 물에 잠긴 집에 사람들이 갇혔다. 이번엔 소방대원들이 구조대원을 도왔다. 허리까지 물이 찬 길을 고무보트를 타고 지났다. 현관문을 막는 수압 때문에 현관문이 열리지 않아 사람들이 집에 갇혀 있었다. 구조대원들이 창틀을 뜯어내고 안에 갇힌 사람들을 구했다. 구급대원이 숨을 쉬지 못하는 사람에게 심폐 소생술을 했다. 응급처치를 마치고 곧바로 부상자를 병원으로 옮겼다.

화재와 침수 사고 뒤에도 119대원들은 계속 출동했다. 교통사고와 감전 사고를 당한 피해자들을 구하고, 집에 갇힌 어린이를 구조했다.

도로와 건물, 산과 강, 섬과 바다, 어디에서라도 전화번호 119만 누르면 소방·구조·구급대원이 온다. 그리고 사람을 구한다. 진짜 영웅은 영화와 만화 속이 아니라, 119 안전센터에 있다.

환경미화원에게 안전 신발 선물한 '우리함께'

환경미화원에 대한 생각이 바뀌고, 급여가 높아졌다고 해도 환경미화원은 힘든 직업이다. 하루에 10,000보 넘게 걷고, 새벽이나 밤에 일하는 경우가 많아 교통사고 등을 당할 위험도 높다.

그런데 환경미화원의 안전사고를 예방하고 발의 피로와 안전을 지키는 데 도움이 되는 신발을 만든 회사가 있다. '우리함께'라는 이

름의 이 회사에서는 매년 '나의 영웅'이라는 이벤트를 연다. 우리 사회를 안전하게 지키는 역할을 하는 사람들에게 도움이 되는 신발 아이디어를 공모하는 것이다.

올해 '나의 영웅' 대상은 환경미화원을 위한 안전 신발이 선정되었다. 이 안전 신발은 어두운 거리에서도 잘 보이게 야광 띠로 장식했다. 또한 발의 피로를 줄이고 무거운 물체가 떨어져도 발을 보호할 수 있게 만들어졌다.

'우리함께'는 안전 신발을 제작해서 오성시 동구 환경미화원들에게 선물했다.

안전 신발을 받은 환경미화원 서달원 씨는 '두 달 전에 새벽 근무를 하다 교통사고를 당했다. 어두워서 운전자가 나를 발견하지 못했기 때문이다. 그 뒤로 새벽 근무가 두려워졌다. 하지만 안전 신발을 신어 보니 이제 좀 안심이 된다.'고 말했다. 다른 환경미화원들도 '우리에게 관심을 가지고 '영웅'이라 불러 주는 사람들이 있다니, 처음으로 내 직업에 보람을 느낀다.'고 말했다.

'우리함께' 대표 나정원 씨는, '항상 우리 곁에 있지만 제대로 보지 않았던 환경미화원들께 감사의 마음을 전하고 싶었다.'고 밝혔다. 코로나19와 폭우, 침수를 겪으며 생긴 사람 사이의 '거리'는 주위 사람에 대한 '관심'과 '표현'으로 가까워지는 게 아닐까?

북구 119안전센터, 소방 시설 점검과 안전 교육 실시

오성시 북구 119안전센터 대원들은 구내의 건물에 대한 소방 시설 점검에 나섰다. 건물은 각 층마다 소화기와 비상 탈출을 위한 완강기가 있어야 한다. 불길이 퍼지는 것을 막는 방화문도 설치되어 있어야 한다. 비상계단에는 화재가 났을 때 신속하게 대피할 수 있도록 물건 등을 쌓아 두면 안 된다. 또한 복도와 계단 등에도 화재로 인해 등이 꺼져 어두울 때, 탈출 방향과 비상계단의 위치를 알려 줄 유도등이 있어야 한다. 연기에 반응하는 화재경보기 역시 제대로 작동해야 한다.

이번 소방 시설 점검에서는, 방화문 관리에 문제가 있는 건물이 많았다. 지수남 소방관은 '방화문은 항상 닫혀 있어야 합니다. 불은 산소를 찾아 이동하기 때문에 방화문만 닫혀 있다면, 산소를 다 태운 불길이 더 번지지 못하고 꺼지니까요. 최근 한아름쇼핑몰의 화재도 방화문이 닫힌 층은 피해가 크지 않았습니다.'라고 말했다.

북구 119안전센터는, 건물 안전 담당자에게 1년마다 소방 안전 교육을 하고 있다. '2학기부터는 북구에 있는 초등학교를 찾아가 화재 대피 방법을 교육'할 계획이다.

<독자 자유 기고> 진짜 노동자가 되고 싶어요

- 서정원 요양 보호사

'사람을 간호한다는 것은 그가 건강했다면 직접 행했을 일을 그를 위해 해 준다는 의미.'[5] 입니다.

10년이 넘는 기간 동안 요양 보호사로 일하며 항상 마음에 새긴 말입니다. 처음 돌본 어르신은 집으로 가서 돌봤어요. 매일 씻기고 곱게 머리를 빗겨 드리고 화장도 시켜 드렸어요. 밥을 입에 넣어 드리고 예쁜 양말도 사다 드렸죠. 좋아하는 가요를 불러 드리기까지 했죠. 그러던 어느 날, 어르신은 '자신을 아무것도 못하는 무능력한 사람' 취급한다며 크게 화를 내셨어요. 그때 깨달았어요. 내가 원하는 행동을 해 드리는 게 아니라, 그분들이 건강했을 때 직접 했을 일을 도와드려야 한다는 걸요. 사실 그 어르신은 평생 화장을 하지 않으셨대요.

처음엔 남을 돌보는 것이 힘들었어요. 누군가를 돌보는 건 스트레스가 심하고 몸도 아주 피곤한 일입니다. 하지만 5년 동안 그 어르신을 돌보며 아주 친해졌어요. 눈빛만 봐도 뭐가 필요한지 척 알 수 있었어요. 4남매가 있었지만 다들 자기 살기도 바쁘다 보니, 어르신은 저 혼자 돌본 셈이에요. 어르신도 저를 많이 예뻐해 주셨어요. 보람이 있었고, 나중엔 어르신이 엄마처럼 애틋했죠.

그러다 갑자기 해고되었습니다. 어르신 댁 가는 길에 오토바이에 부딪혀서 4일 동안 입원했는데, 어르신의 따님이 '이제 오지 말라.'고 해고 문자를 보내더군요.

보통 출근하는 길에 다치면, 산재 보험사에서 보험료를 줍니다. 하지만 요양 보호사는 산재 보험에 가입할 자격이 없어요. 노동자의 의사와 상관없이 실업자가 되었으니 실업 급여를 받아야 했습니다. 하지만 고용 보험에 가입할 자격이

---

5 《돌봄의 언어》 크리스 왓슨 지음/ 김혜림 옮김 -니케북스

없어서, 실업 급여도 받을 수 없었어요. 하루아침에 실업자가 되었고 치료비까지 필요한데, 어디에 하소연할 곳이 없었어요.

그 후 지금까지 요양원에서 요양 보호사로 일하고 있어요. 그러다 코로나19 팬데믹을 겪었어요. 요양원처럼 여러 사람이 함께 생활하는 곳은 전염병에 더 위험합니다. 전염이 빨리 되거든요. 곧 면회가 금지되었고, 요양 보호사는 3일마다 코로나19 테스트를 받았습니다. 그런데 요양원의 다른 직원들에겐 마스크와 소독제, 코로나19 검사 키트를 공짜로 주면서 요양 보호사는 직접 사서 쓰라더군요. 같이 일하는데 왜 저희들만 차별하나요?

요양 보호사가 필수 노동자라고요? 요양 보호사가 우리 사회가 유지되는 데 꼭 필요한 필수 노동자라고요? 그렇다면 우리의 권리를 지켜 주세요. 우리는 '진짜 노동자'가 되고 싶습니다.

편집후기